Notes sur le Deutéronome

Gilles Georgel

Notes sur le Deutéronome

Label d'auteurs
Scripsi

Notes sur le Deutéronome

Chemin de Praz-Roussy 4bis
1032 Romanel-sur-Lausanne, Suisse

Distribution: La Maison de la Bible
Case postale 151
1032 Romanel-sur-Lausanne, Suisse
E-mail: info@bible.ch
Internet: http://www.maisonbible.net

Sauf indication contraire, les textes bibliques sont tirés de la version Segond 21
www.universdelabible.net

ISBN édition imprimée 978-2-8260-2011-0
ISBN format epub 978-2-8260-0339-7
ISBN format pdf 978-2-8260-9667-02

Imprimé en France par Sepec

Table des matières

Chapitre 1

Introduction au livre: Deutéronome 1.1-5

Dès son introduction, le Deutéronome nous livre ce qui fait l'objet de son écriture et le contexte dans lequel il se situe. Le Deutéronome clôt le long ministère de Moïse depuis son appel. Il récapitule en un enseignement explicatif les paroles qu'il a reçues de Dieu. Il prépare le peuple de Dieu à la vie qu'il est appelé à vivre dans le pays qui s'ouvre devant lui: Canaan, le pays promis. Il situe l'étape dans laquelle Israël se trouve. La conquête du pays n'est pas faite, mais deux victoires porteuses d'avenir viennent d'être remportées. Sihon, roi des Amoréens et Og, roi du Basan, ont été vaincus et Israël occupe leurs terres. Toutes les conditions sont réunies pour faire de l'entrée et de l'installation d'Israël en Canaan une réussite.

La situation du peuple de Dieu face à Canaan ressemble fort à celle des disciples à l'aube de leur vie chrétienne. Le Seigneur est avec eux pour la dernière fois. Dans la dernière semaine de sa vie terrestre, il leur a donné de précieux enseignements pour leur marche future. On les trouve condensés dans 5 chapitres de l'Evangile de Jean, notre Deutéronome: Jean 13–17. Par la victoire du Seigneur sur la croix, la démonstration est faite qu'aucune force ni aucune puissance ne peut lui résister. Il nous a donné sa Parole pour qu'aux portes de la vie de plénitude à laquelle il nous appelle, nous suivions soigneusement ses instructions. Les conditions sont réunies pour que notre vie avec lui soit une réussite. Que va-t-il se passer? Allons-nous entrer en Canaan et prendre possession de ce que Dieu a préparé pour nous? Ou allons-nous échouer, trop attachés ou préoccupés par ce qui nous importe? Telle est la grande question qui se pose à chacun à l'aube de sa vie nouvelle!

Ordre de marche: Deutéronome 1.6-8

Sorti d'Egypte, Israël se rendit au mont Horeb (autre nom du Sinaï) où il reçut la loi de Dieu. Etape importante de son pèlerinage, l'arrivée d'Israël au mont Horeb ne représentait pas le but final du projet de Dieu pour lui. Horeb était la preuve que Dieu avait accompli la promesse qu'il avait faite à Moïse au moment où il l'envoya libérer son peuple d'Egypte: Exode 3.12. Horeb était le signe qu'Israël était libre. Peuple libre, Israël avait besoin d'une terre. La liberté est, certes, une belle chose! Elle n'a de sens cependant que si elle peut se vivre dans le cadre d'un lieu et d'un projet. C'est ce vers quoi Dieu veut désormais orienter son peuple.

L'étape d'Horeb remplie, Dieu indique à Israël qu'il est temps de plier bagage et de partir. Il n'est jamais bon pour le peuple de Dieu de stagner et de végéter au même endroit. La vie avec Dieu est une vie de défis nouveaux et incessants. Quelle que soit l'étape à laquelle quelqu'un est parvenu, il ne doit jamais considérer qu'il a atteint le but. Le grand apôtre lui-même, imitation de Jésus-Christ, le considérait ainsi: Philippiens 3.12-14. Aller à Horeb pour Israël était bien. C'était le premier objectif donné par Dieu dès le début. Y rester serait néfaste. Dieu a pour Israël des champs d'action et des territoires nouveaux à conquérir. Le but final de Dieu n'est pas né avec Moïse. Il remonte à bien plus longtemps, au temps même d'Abraham! Le temps est venu: qu'Israël se lève et prenne possession de son héritage!

Comme Israël, l'Eglise, peuple racheté par Dieu, célèbre aussi sa liberté au pied d'une montagne: Golgotha. C'est là qu'elle reçoit de Dieu sa loi, son Esprit, tout l'équipement dont elle a besoin pour entrer dans la vie nouvelle qui lui est préparée. Sauvée, l'Eglise n'est pas appelée à rester au lieu et à l'étape où elle a connu le salut. Elle est appelée à se lever, à aller de l'avant pour entrer dans le projet de plénitude que Dieu a en réserve pour elle. Le projet n'est pas d'hier, pas même depuis la venue de Jésus. Il remonte aux temps anciens, avant même la fondation du monde: Ephésiens 1.3-4. Le chemin pour y entrer est tout tracé. Eglise! Lève-toi et prends possession de ton héritage!

Délégation: Deutéronome 1.9-18

Placé à la tête du peuple, Moïse, sous l'impulsion de son beau-père Jéthro venu lui rendre visite: Exode 18.13-26, prit la sage décision de ne plus porter seul le fardeau de la responsabilité d'être le juge des affaires du peuple. Il fit désigner par le peuple des chefs reconnus pour leur sagesse et leur intelligence, chargés d'être responsables d'unités de différentes valeurs: chefs de mille, de cent, de cinquante et de dix. Moïse ne traiterait, quant à lui, que les affaires non résolues, parce que trop difficiles.

Il n'y a que de bonnes choses à dire sur la décision prise ici par Moïse de déléguer sa responsabilité à d'autres:

* Le premier bienfait est qu'elle répartit la tâche sur plusieurs. Il y a toujours danger de concentrer le pouvoir de décision entre les mains d'un seul homme. Même s'il est compétent, qualifié, chaque homme a ses limites. La démultiplication des responsabilités fait avancer les choses beaucoup plus vite que si un seul s'en occupe.

* Le second est que la délégation permet à d'autres de se mettre à l'œuvre. La délégation valorise: elle révèle les qualités en jachère de ceux qui, jusque-là, n'avaient pas la possibilité d'être acteurs. La délégation opérée ici par Moïse s'accorde avec la vision néotestamentaire du peuple de Dieu. Le peuple de Dieu est un corps dans lequel chaque membre a une fonction et des dons en rapport avec elle: 1 Corinthiens 12.12-31.

* Le troisième est que la délégation précise de quelle manière doit se faire la désignation de ceux à qui, parmi le peuple, devraient être confiée la charge des responsabilités. Il y a dans le processus de leur reconnaissance une part humaine et une part divine. C'est, d'un côté, Dieu qui manifeste les qualités qui sont dans les personnes, et, de l'autre, le peuple qui les valide. La désignation des responsables est un mélange subtil de théocratie et de démocratie.

Aux ouvriers choisis, Moïse rappelle la nécessité de l'impartialité et de l'équité dans les jugements prononcés. Les juges sont les agents de la justice de Dieu. Ils doivent se garder de tout parti pris ou favoritisme. Car c'est à Dieu, à qui appartient le jugement, qu'ils devront rendre compte de leurs décisions. Que Dieu nous donne de nous inspirer du modèle de Moïse dans la conduite de son peuple!

Rébellion d'Israël au seuil de la terre promise: Deutéronome 1.19-46

Prudence et hésitation: Deutéronome 1.19-23

Sur l'ordre de Dieu, tout Israël quitta Horeb et se mit en route en direction de Canaan. Après onze journées de marche dans le désert: Deutéronome 1.2, le peuple atteignit la montagne des Amoréens, rempart naturel qui le séparait de la terre promise. Après la sortie d'Egypte, le temps est venu pour Israël de s'appuyer sur la puissance de Dieu, non plus pour échapper à un oppresseur, mais pour se battre et conquérir de nouveaux territoires. Moïse rassure le peuple: la victoire est certaine. Elle n'est pas liée à la force militaire d'Israël, mais à la volonté de Dieu qui, dans son dessein, leur attribue le pays comme patrimoine. Israël a certes besoin de courage. Mais c'est en se confiant en Dieu et sa promesse qu'il le trouvera, non en lui-même.

Les choses ne se déroulèrent pas comme souhaitées par Dieu. Tout commença, non par une rébellion ouverte, mais par une hésitation. Le peuple suggère une mesure préparatoire. Ne serait-il pas sage et opportun, avant de livrer bataille, d'avoir une idée plus précise de ce qui se trouve en Canaan? Moïse pourrait envoyer quelques espions, un par tribu, qui iraient en Canaan et en reviendraient pour faire un rapport à l'assemblée. La proposition plut tant à Moïse qu'il en oublia de consulter Dieu. S'il y avait un tant soit peu réfléchi, il aurait vite discerné son inutilité. Si Dieu leur faisait la promesse que le pays qui était devant eux était un bon pays qui leur était réservé, qu'avait-il besoin de preuves ou de vérifications? La suggestion n'était-elle pas déjà la preuve du doute, de la crainte ou de l'incrédulité? Le rapport des espions ne pouvait rendre compte que d'une vue humaine des choses. Or, celle-ci n'a rien à voir avec celle de Dieu.

L'erreur de Moïse souligne le danger des bonnes pensées humaines dans le cadre de la stricte obéissance à Dieu. A Pierre, qui suggéra à Jésus, sous le coup de ses sentiments, la bonne pensée de ne pas mourir, le Seigneur sera sans ambiguïté au sujet de l'inspiration qui en était la source. Les pensées naturelles des hommes ne viennent pas de Dieu, mais du diable: Matthieu 16.23. L'apôtre Jacques confirme: la sagesse humaine est terrestre, charnelle, diabolique: Jacques 3.15. Le ver introduit ici dans le fruit ne tardera pas à le démontrer.

Découragement et incrédulité: Deutéronome 1.24-33

Si l'initiative venait des Israélites, Dieu y souscrivit. Il donna donc l'ordre à Moïse de nommer un représentant de chaque tribu pour espionner Canaan: Nombres 13. Il ne craignait aucunement ce que ces hommes allaient découvrir. Suite à leur inspection, les espions confirmèrent dans un premier temps que le pays que leur donnait l'Eternel était un bon pays. Pour preuve, ils présentèrent au peuple quelques-uns des fruits qu'ils y trouvèrent. Les produits rapportés démontraient que l'Eternel avait dit vrai. La preuve de la vérité de ce que Dieu leur avait promis ne suffit pas pour convaincre le peuple d'aller de l'avant. Car, à côté des fruits présentés, les espions firent part dans leur rapport du constat d'une autre réalité. Certains habitants du pays, dirent-ils, étaient des géants en comparaison desquels ils paraissaient comme des sauterelles (Nombres 13.33). Les villes qu'ils devaient prendre étaient grandes et fortifiées jusqu'au ciel. La vérité avait fait place à l'exagération, une vision disproportionnée et déséquilibrée des choses. Les espions n'avaient véritablement visité qu'une ville, Jéricho, et les hommes puissants de la race d'Anak étaient, certes, de taille supérieure aux Israélites, mais à peine plus. La démesure des paroles des espions conduisit le peuple au découragement et le découragement à l'amertume envers Dieu. Le peuple interpréta les difficultés nouvelles auxquelles ils devaient faire face comme un manque d'amour de la part de l'Eternel envers lui. Murmures et médisances envers

Dieu se firent entendre dans les tentes. Moïse tenta bien, avec Caleb et Josué, de raisonner le peuple en lui rappelant tout ce que Dieu avait fait pour lui en Egypte et depuis leur sortie du pays. Rien n'y fit. Le peuple refusa de faire confiance à Dieu. Il refusa de placer la promesse de Dieu au-dessus des impressions humaines et des réalités visibles

Ce n'est pas en vain que Dieu nous demande de marcher avec lui par la foi, et non par la vue: 2 Corinthiens 5.7. Dieu sait combien la vue des choses nous rend impressionnable. C'est pourquoi, en nous appelant, Dieu choisit de ne pas tout dire de ce qui nous attend. Le désir de notre part de tout savoir, tout contrôler, tout maîtriser est incompatible avec la marche par la foi qui est une marche de chaque instant dans la dépendance de Dieu. C'est non l'évaluation de nos propres forces pour entrer dans le ministère que Dieu a préparé pour nous qui doit être l'élément déclencheur de notre obéissance, mais la confiance en la suffisance de Dieu pour mener à bien le projet qui est le sien. Nous ne sommes pas censés, dans la pensée de Dieu, être la source de la puissance, mais ses outils en vue de sa manifestation.

Veillons particulièrement à la façon avec laquelle nous rapportons les choses aux autres. Nous en tenons-nous à la vérité ou à une interprétation personnelle de celle-ci? Cherchons-nous à corroborer ce que Dieu dit ou à transmettre le message que nous avons à cœur de passer? Pour n'avoir pas été fidèles à Dieu et la vérité, dix des douze espions partis pour explorer le pays le payèrent de leur vie (Nombres 14.36-38). Que la sévérité de leur châtiment nous incite à la crainte de Dieu et à la plus grande prudence dans nos paroles!

Colère de Dieu: Deutéronome 1.34-40

Le peuple refusant d'entrer dans le pays, Dieu, dans sa colère, le prend au mot. Puisque la génération sortie d'Egypte choisit de ne pas avancer dans le projet de Dieu, elle reculera. Ce sera la génération suivante, celle des fils, qui, sous la conduite de Josué, entrera et prendra possession de Canaan. Pour l'heure, le peuple n'a plus qu'une chose à faire: retourner sur ses pas et reprendre le chemin du désert en direction de la mer des Joncs.

Il arrive souvent que nous ne mesurions pas nous-mêmes les paroles que nous prononçons à l'égard de Dieu. Disons-nous bien que, si les pas d'engagement que Dieu attend de nous dans la foi nous paraissent difficiles, les voies sur lesquelles notre désobéissance nous conduit le sont beaucoup plus. Dieu ne force personne à aller là où il désire le mener. Mais sachons que refuser d'avancer avec Dieu, c'est faire le choix de stagner, puis de reculer. Notre rébellion à l'égard de Dieu ne rend pas impossible l'accomplissement de son projet. Elle peut cependant lui nuire grandement et aller jusqu'à reporter à la prochaine génération sa réalisation.

Dans la sanction qu'il décide, Dieu n'agit pas de façon arbitraire. Il distingue dans la masse les personnes qui lui sont fidèles. De tous ceux qui sont sortis d'Egypte, deux seulement passeront le Jourdain pour entrer dans le pays: Josué et Caleb, les deux seuls espions qui firent un rapport positif au peuple. Au milieu de l'incrédulité générale, Dieu reconnaît et récompense ceux en qui la foi en sa grandeur et sa fidélité demeure. Malgré tous ses mérites, Moïse partagera le sort du peuple. Il n'entrera pas dans le pays: Nombres 20.2-13; Psaume 106.32. Cette exclusion sera vécue de sa part comme une véritable frustration. Il essayera bien à plusieurs reprises de faire revenir Dieu sur cette décision. En vain: Deutéronome 3.23-27. Notre péché ne nous prive pas du salut: le peuple ne franchira pas de nouveau la mer des Joncs. Mais il peut nous fermer la porte de la plénitude et de nombreuses bénédictions. Que la crainte de Dieu reste le fondement sur lequel toute notre vie se bâtit!

Témérité stupide: Deutéronome 1.41-46

Placé face au devenir qui résulte de son inconséquence, le peuple fait volte-face. Il décide d'aller à l'opposé de son attitude précédente. Négligeant toute prudence et, une fois de plus, les avertissements de Moïse qui cherche à les dissuader, les Israélites prennent les armes pour combattre les Amoréens. Le résultat ne se fait pas attendre: le peuple est battu à plate couture. La raison en est évidente. Israël a oublié une chose: la conquête du pays ne peut se faire sans Dieu. C'est Dieu seul, par sa puissance, qui va les faire entrer en Canaan, et non leur courage, leur témérité ou la force de leurs propres armes. Il ne suffit pas d'obéir à un ordre de Dieu, comme les Israélites l'ont voulu, pour que les choses marchent. Encore faut-il le faire dans le temps, l'esprit et selon les modalités prévues par Dieu. Israël l'apprend ici dans la souffrance. Vaincu, le peuple parti pour combattre revient dans les pleurs. Ils ne changeront rien à la décision prise par Dieu. La génération sortie d'Egypte n'entrera pas en Canaan. Ce sera celle qui la suivra.

La volte face radicale dont fait preuve le peuple de Dieu ici témoigne de l'inconstance et de la versatilité du cœur humain. La vraie repentance ne consiste pas d'aller d'un extrême à l'autre, mais à changer profondément de disposition de cœur. Le peuple de Dieu a eu raison de revenir sur sa position d'incrédulité. Mais il a eu tort de prendre la décision qu'il a prise suite à ce revirement. Dans la repentance, ce n'est jamais nous qui décidons de la suite à donner aux choses. Le vrai repentant est brisé. Il a appris par l'expérience à se défier de lui-même. Il revient à Dieu, non pour lui prouver quoi que ce soit, mais pour se mettre à son écoute: Psaume 32.8. Nous n'obéissons pas plus à Dieu en faisant les choses par nous-mêmes qu'en lui désobéissant. Qui s'appuie sur lui-même déshonore Dieu autant que celui qui est incrédule.

L'histoire le montre ici et ailleurs: même repentant, le peuple de Dieu ne peut forcer Dieu à revenir sur ce qu'il a décidé. L'adultère de David ne lui coûtera pas le trône, mais apportera la division dans sa famille: 2 Samuel 12.10-12. Notre rébellion ou notre incrédulité face à Dieu n'est jamais sans gravité. Que la crainte de Dieu et de sa liberté souveraine soit sans cesse sous nos yeux!

Chapitre 2

Consignes: Deutéronome 2.1-23

Après 38 années d'errance, l'heure est venue pour Israël d'entrer dans le pays que Dieu leur a promis. Il le fera selon des consignes précises. Trois remarques à ce sujet:

* 1re remarque: Dieu a accompli pour Israël à la fois ses promesses et ses menaces. La génération sortie d'Egypte a péri à cause de son incrédulité. Mais le peuple a survécu. Dieu a pourvu dans le désert à tous ses besoins. Il a manifesté à son égard à la fois sa fidélité et sa justice.
* 2e remarque: le Seigneur donne à Israël l'ordre précis de n'attaquer ni les enfants d'Esaü, ni les Moabites, ni les Ammonites. La raison en est double. Ils sont leurs parents plus ou moins proches (par Esaü et par Lot). Les territoires qu'ils occupent leur ont été donnés par l'Eternel, comme Canaan l'est pour Israël. C'est Dieu qui a assigné à chaque peuple un territoire: Actes 17.26. Par cette ordonnance, Dieu manifeste que sa manière d'agir n'a rien à voir avec celle des conquérants humains: Esaïe 10.5-7. Dieu demande à Israël d'agir dans les limites de son dessein pour lui, pas plus. Tout le reste n'est qu'exactions.
* 3e remarque: plus étonnant, Dieu affirme que la puissance qu'il met à disposition d'Israël pour conquérir Canaan, il l'a mise en œuvre pour les Moabites et les Ammonites pour vaincre les occupants des territoires qu'il leur a attribués. Nous aurions tort de limiter l'œuvre de Dieu à ce qu'il fait en faveur de son peuple élu. Son dessein englobe le monde. Aucun évènement

ne se produit dans le monde, parmi les hommes, sans que l'Eternel n'en soit pour quelque chose: Amos 3.6. Il est celui qui élève et qui abaisse: Psaume 75.8, selon son dessein et le bon plaisir de sa volonté.

Guerre contre Sihon, roi des Amoréens: Deutéronome 2.24-37

Un scénario différent de ceux qui concernaient les peuples cousins d'Israël se déroule avec Sihon, le roi de Hesbon, d'origine amoréenne: cf. Genèse 15.16. L'Eternel avertit Moïse qu'il n'y aura pas avec lui d'alliance de paix. Israël doit se préparer ici à la guerre, car c'est ici que commence pour le peuple de Dieu la véritable conquête de son pays. Le combat contre Sihon sera déterminant en ce que la victoire d'Israël va «donner le la» à tous les peuples environnants. Israël ne sera plus perçu à partir de là comme un peuple d'esclaves nomade, mais comme le peuple au milieu duquel marche le Dieu Tout-Puissant contre lequel aucune arme, aucune machine de guerre ne saurait suffire.

Fort de cet ordre, Moïse, pour autant, ne va pas être provocateur. Il ne part pas défier Sihon mais, dans un premier temps, lui proposer la paix de la même manière qu'avec les peuples précédents. Le but est double. Il ne veut pas que soit dit au sujet de Sihon qu'il ait été mis à une autre enseigne que ses voisins. Le même rapport de relation est proposé par Israël avec Sihon qu'avec les autres. La responsabilité de l'entrée en guerre d'Israël ne retombe pas sur lui, mais sur Sihon. La guerre n'apparaît pas ici comme l'option première dans la façon d'agir d'Israël. Elle est l'option seconde, à laquelle Dieu soumet son peuple, un passage obligé par lequel, en même temps, il parle et avertit tous les peuples environnants.

Le texte souligne à quel point le destin d'Israël est lié, en tant que peuple, au dessein de Dieu. Israël, moins que tout autre peuple encore, n'est pas libre de son histoire. L'histoire d'Israël est celle que Dieu écrit pour lui. L'obstination des ennemis d'Israël, leur entêtement à ne pas vouloir la paix avec lui est encore aujourd'hui significatif. Il entre dans un dessein global, beaucoup plus large, qui sert de scène à Dieu pour se révéler et se glorifier aux yeux du monde.

La confrontation se termine par la victoire complète d'Israël. Tous les hommes, femmes et enfants du royaume de Sihon sont exterminés et les biens récupérés pour Israël. Aucune ville, si forte soit-elle, ne put résister à l'assaut de l'armée israélite. La victoire de Dieu passe par le dépouillement complet de ses ennemis. C'est une victoire similaire à celle-ci qui fut remportée par Jésus à la croix. La tête de l'ennemi a été écrasée et tous ses biens ont été pris et transférés dans le royaume de Dieu: Matthieu 12.29-30; Esaïe 49.24-26; 53.12; Hébreux 2.14-15.

Chapitre 3

Conquête du royaume de Basan: Deutéronome 3.1-11

La conquête du royaume de Basan, dont Og était le roi, se fit de la même façon que celui de Sihon, roi de Hesbon. Ces deux conquêtes précédant l'entrée dans le pays de Canaan ont été voulues par Dieu. Elles avaient un objectif, celui de fortifier la foi des Israélites avant qu'ils n'affrontent les peuplades qui occupaient le territoire (Deutéronome 3.21). En se lançant dans la conquête du pays promis, Israël ne partait pas de rien. Il avait, par la conquête des royaumes d'Og et de Sihon en deçà du Jourdain, l'expérience de la capacité de Dieu à tenir ses promesses et des raisons personnelles tout à fait pratiques de croire à la victoire de son entreprise. L'expérience vécue avant Canaan a pour objectif de servir aussi de modèle de ce qui doit être vécu après. L'insistance du texte biblique sur le caractère impressionnant de Og et de Sihon, pourtant battus à plate couture, montre qu'aucune puissance, si invincible puisse-t-elle paraître, ne peut résister au peuple de Dieu lorsque Dieu est avec lui.

Partage des deux royaumes vaincus: Deutéronome 3.12-22

Sur la demande antérieure des deux tribus de Ruben et de Gad: Nombres 32.1-5, les royaumes conquis sont départagés entre elles et la demi-tribu de Manassé. Ce dernier choix ne procède pas du hasard. Il est imposé par Moïse, à l'origine réfractaire à leurs doléances.

En effet, le pays promis par Dieu ne commençait pas avant le Jourdain, mais après. La demande des deux tribus était donc une entorse à la volonté initiale de Dieu. Moïse y consentit sous réserve de plusieurs conditions. La première était que Ruben et Gad ne seraient pas les seules tribus présentes sur le territoire. Manassé serait avec eux, mais pas en entier. Le but de la division de la tribu en deux camps séparés avait comme objectif de garder l'unité et le lien entre les tribus vivant d'un côté du Jourdain et celles habitant les territoires sur l'autre rive. Frontière naturelle, le Jourdain ne devait pas devenir un jour une ligne de rupture en Israël. La seconde condition est celle rappelée ici. Le territoire des tribus occupant les anciens royaumes de Sihon et de Og ne serait véritablement à elles qu'après que les hommes de ces tribus auraient accompagné leurs frères dans la conquête de leur patrimoine de l'autre côté du fleuve. Moïse veut que le combat que mène Israël pour la conquête de son pays soit le combat de tous. Pas question pour les uns de se reposer et de jouir de leur héritage pendant que les autres continuent à peiner et lutter pour conquérir le leur. Ruben, Gad et la demi-tribu de Manassé se conformèrent aux conditions posées par Moïse. Les hommes de ces tribus laissèrent femmes et enfants de ce côté du Jourdain et entrèrent avec leurs frères dans le pays de Canaan pour les aider à conquérir leur part. Ce n'est qu'à la fin du livre de Josué que nous les voyons retourner dans leurs territoires: Josué 22.1-8.

Rien n'est plus pernicieux que les intérêts propres de chacun pour briser l'unité du peuple de Dieu et sa cohésion. Nous pouvons tous facilement oublier que l'Eglise est un Corps et non des parties séparées. Nous devons nous garder de faire de notre propre confort le but de la vie. Là où nos frères sont en lutte, nous devons l'être avec eux et ne pas penser, sous prétexte que nous sommes dans le repos là où nous sommes, que leur combat ne nous regarde pas.

Avons-nous dans nos églises une demi-tribu engagée avec ceux qui luttent? Sommes-nous partie prenante des combats menés par nos frères dans les endroits où la guerre fait rage? Si ce n'est le cas, nous avons perdu de vue ce qu'est l'Eglise et oublié que notre paix dépend de la paix du peuple de Dieu dans sa globalité. Que Dieu nous pardonne pour le peu de cas que nous faisons de cette partie de l'Eglise qui lutte, combat et souffre. Qu'il nous donne, comme les tribus l'ont fait, d'être prêt à renoncer à notre confort pour leur venir en aide! Rends-moi, rends nous, ô Dieu, sensibles, au vécu de ton Eglise dans le monde entier!

Inflexibilité de Dieu: Deutéronome 3.23-29

Arrivé aux frontières de Canaan, Moïse tente de faire fléchir Dieu sur la décision qu'il a prise dans le désert, suite à une désobéissance, de ne pas le laisser entrer dans le pays: Nombres 20.12-13; Deutéronome 1.37. Rien n'y fait. Dieu n'est pas versatile. Ce qu'il a dit une fois, ce qu'il a arrêté, il n'y revient pas. Il n'est pas question que Moïse, par ce qu'il est Moïse, soit l'objet d'un autre traitement que tous ceux qui ont péché dans le désert, y compris Aaron. Dieu n'est pas un Dieu partial. Il ne fait ni favoritisme, ni acception de personnes. Nous ne devons jamais penser que la grâce dont nous sommes l'objet de sa part fait que Dieu puisse faire preuve de faiblesse ou d'indulgence à notre égard. Que nous soyons le plus éminent des serviteurs de Dieu ou pas, Dieu reste libre d'agir avec justice envers chacun. Que cette liberté de Dieu nous pousse à le craindre!

Chapitre 4

L'importance cruciale de l'obéissance: Deutéronome 4.1-8

Après le rappel historique du cheminement d'Israël jusqu'aux portes de Canaan, Moïse passe à ce qui est le plus important: l'injonction donnée à tout le peuple de Dieu de mettre en pratique, dans le pays dans lequel il va entrer, les prescriptions et les règles qu'il leur a données pour qu'ils vivent. Moïse rappelle ici que Canaan n'est en lui-même pas un but en soi. Comme l'Egypte était le lieu de la servitude (Deutéronome 4.20), Canaan est le lieu de la bénédiction que Dieu a préparé pour Israël. La bénédiction suprême du peuple n'est cependant pas de vivre en Canaan. Preuve en est par le fait que, pendant des décennies, Israël, bien que vivant en Canaan, sera triste, malheureux, soumis à toutes sortes de tragédies et souffrances. La bénédiction est là lorsque, vivant en Canaan, le peuple vit et fait ce que son Dieu dit.

Quelle que soit la dispensation dans laquelle nous nous trouvons, l'obéissance à Dieu et à sa parole reste pour le peuple de Dieu la clé de son bonheur. Le principe selon lequel l'obéissance à Dieu et à sa Parole conduit à la vie ne saurait être annulé ou rendu caduque sous prétexte que, désormais, ce qui nous justifie devant Dieu est notre foi en Christ. La foi en Christ n'est pas le moyen de grâce qui nous est donné par Dieu pour nous passer de l'obéissance, mais pour la rendre possible: Romains 1.5. Si notre justice devant Dieu ne nous est plus acquise par notre obéissance, mais par celle de Christ pour nous: Romains 10.5-10, il n'en reste pas moins vrai que l'obéissance seule continue à nourrir la vie et produit en nous le fruit qui est à la gloire de Dieu: Jean 14.21.

Rien ne démontre mieux la validité du principe selon lequel l'obéissance, la mise en pratique des règles et des prescriptions que Dieu donne dans sa Parole conduit à la vie que les épisodes malheureux de l'histoire passée d'Israël. Moïse rappelle ainsi l'épisode de Baal-Peor: Nombres 25.1-18. En ce jour, 24'000 Israélites périrent dans le désert à cause de leur péché d'idolâtrie et d'infidélité à Dieu. Tous ceux qui s'en gardèrent survécurent. Cet épisode n'est pas seulement de l'histoire ancienne. Il doit nous servir d'instruction, dit Paul, pour nous qui faisons partie du peuple de Dieu vivant sous la Nouvelle Alliance: 1 Corinthiens 10.8-11. Ce qui leur est arrivé peut aussi nous arriver, avec les conséquences dramatiques qui en découlent.

Mis à part le fait que l'obéissance produit la vie, l'autre aspect primordial de l'obéissance est la sagesse et l'intelligence qu'elle donne au peuple de Dieu: Deutéronome 4.6. Seule l'obéissance à Dieu est en mesure de faire briller la gloire de Dieu à travers lui. Les hommes qui nous entourent n'ont pas, comme nous, d'accès direct à Dieu. Ils ne le connaissent ni personnellement, ni intimement. Ce qu'ils peuvent voir de lui l'est uniquement par la lumière qui émane de ceux qui lui obéissent. La beauté de Dieu se révèle au monde par la sagesse et l'intelligence dont fait preuve le peuple de Dieu lorsqu'il obéit à ses lois: cf. 1 Pierre 2.12; 4.1-6. La sagesse et l'intelligence dont fait preuve le peuple de Dieu qui obéit à Dieu amènent inévitablement ceux qui l'entourent à s'interroger… et à comparer: quel dieu est semblable à celui de ce peuple, aussi proche de lui chaque fois qu'il l'invoque (Deutéronome 4.7)? Quelle nation possède des lois et des règles aussi bonnes et aussi justes, capables de produire un «vivre ensemble» aussi harmonieux que celles-ci? Alors que nous nous évertuons à inciter les incroyants à nous approcher de Dieu et à le découvrir, Moïse nous en rappelle ici la clé et le secret: l'obéissance de toute la communauté aux lois et aux règles que Dieu donne dans sa Parole. Aucune personne entrant dans la communauté ne devrait (ou ne peut) y rester insensible.

Mise en garde contre l'idolâtrie: Deutéronome 4.9-24

Après avoir fait un vibrant plaidoyer pour qu'Israël ne se contente pas de jouir de la bénédiction que Dieu lui donne par Canaan, mais qu'il s'attache à mettre en pratique ses lois, Moïse adresse au peuple une sévère mise en garde contre le danger de l'idolâtrie. Selon Moïse, le fond de l'idolâtrie pour Israël ne consiste pas d'abord à se détourner de Dieu pour en adorer d'autres. Il consiste plutôt en deux choses: la 1re est de vouloir se faire une image représentative de ce qu'il est, de le figurer en quelque sorte en lui donnant un visage; la seconde est de se détourner de lui en se mettant à adorer les éléments célestes, soleil, lune, étoiles en leur prêtant des attributs qui ne reviennent qu'à Dieu. C'est là ce que font les astrologues, confondant les forces de la nature avec celui qui les a créées. Toutes ces choses, précise Moïse, ne doivent avoir aucun cours parmi le peuple de Dieu. Elles sont données aux nations égarées qui ne le connaissent pas et qui, par conséquent, prêtent à ce qu'elles voient de plus grand dans la création de Dieu les qualités de Dieu lui-même.

Comment Israël peut-il se préserver du danger et de la tentation de l'idolâtrie? Le mot-clé utilisé par Moïse, qui revient 4 fois: Deutéronome 4.9, 15, 19, 23, est le mot veiller. Israël doit veiller:

* attentivement,
* sur son âme,
* chaque jour de sa vie.

Cela, de peur qu'entraîné par sa négligence il n'en vienne à oublier ce qu'il a vu, entendu et vécu avec Dieu et ne se corrompe en se détournant de lui. Aussi incroyable que cela puisse paraître, malgré tout ce que le peuple de Dieu a vécu de fort avec lui, le plus grand danger auquel il est exposé est d'oublier son Dieu et sa loi qu'il a gravée pour eux sur des tables de pierre. Le risque est là que tout ce qu'il a vécu sorte de son cœur. En avertissant Israël d'un tel danger, Moïse, implicitement, plaide pour la nécessité du premier bienfait qu'apportera la nouvelle alliance: un cœur nouveau: Ezéchiel 11.19; Jérémie 31.33; 32.40. Pour que le peuple de Dieu ne l'oublie pas, Moïse lui prescrit non seulement de veiller sur lui-même, mais d'enseigner les générations qui suivent. Le peuple a le devoir de leur transmettre le témoignage de son vécu et le contenu de la loi de Dieu. Veiller et transmettre sont les deux mots d'ordre majeurs donnés ici par Moïse pour ne pas oublier Dieu et finir, en se détournant de lui, à plonger dans la plus sotte idolâtrie. Que Dieu nous donne de nous y tenir, d'autant plus que nous avons sur Israël un atout considérable: le Saint-Esprit, la propre vie de Dieu en nous!

Le péché et la grâce: Deutéronome 4.25-31

Si l'idolâtrie est le péché duquel Israël doit se mettre en garde, Moïse précise ici à quel moment la tentation liée à ce péché sera la plus forte. C'est non lorsque le peuple arrivera en Canaan, mais lorsqu'il y sera installé depuis longtemps que, affirme Moïse, le danger de la corruption et du dévoiement spirituel du peuple de

Dieu sera à son comble. Il n'y a sans doute rien de plus dangereux pour le cœur du peuple de Dieu que de s'habituer à vivre de la grâce et de ses ressources. Alors qu'elle est chaque jour un effet de la bonté surnaturelle de Dieu, la grâce, lorsqu'elle est devenue naturelle, se transforme vite en dissolution: Jude 4. C'est dans l'oubli du caractère miraculeux, surnaturel et immérité de la grâce de Dieu, et de tous les bienfaits qui y sont afférents, que se nourrit la corruption qui mène au péché et à l'idolâtrie. Le diable, lui, en est sûr: que Dieu prive un homme des effets concrets de sa bonté, et celui-ci le maudit en face: Job 1.10-11. Nous qui connaissons Dieu et «vivons en Canaan» depuis longtemps, soyons donc particulièrement vigilants. Recevons ce que Dieu nous donne de vivre avec lui chaque jour, non comme un dû, mais comme cela l'est véritablement: un effet de sa bonté gratuite et imméritée envers nous.

Le meilleur antidote pour guérir le cœur du peuple de Dieu qui s'est habitué à la grâce, et ne prend ainsi plus la mesure de l'immensité de la bonté dont il est l'objet, est de le priver des bienfaits qui l'accompagnent. C'est ce que prophétise ici Moïse. Puisque, après s'y être habitué, le peuple n'agit plus en Canaan avec la conscience du miracle que représente le fait de vivre pour lui dans ce lieu, Moïse l'avertit que, pour le guérir, Dieu le rejettera du pays. Ce n'est qu'en vivant sous la férule d'autres dieux, ces dieux vers qui il s'est tourné en abandonnant Dieu, que le peuple comprendra à nouveau le privilège qui était le sien de le connaître. Dieu, comme le dira Jésus plus tard, veut faire de nous, non des consommateurs de la grâce, mais des adorateurs: Jean 4.23. Nous ne pouvons l'être que dans la mesure où nous saisissons à quel point il est digne de l'être. La grâce dont nous sommes l'objet est le moyen par lequel Dieu nous donne d'en être conscients. C'est pourquoi, nous y habituer nous fait perdre automatiquement ce qui est la motivation même de notre adoration. Que chaque jour, ô Dieu, ta grâce éblouisse mon cœur et suscite en moi l'amour et la gratitude qui nourrissent l'adoration de ta personne.

Notons ici que, si le peuple est privé des effets et des bienfaits de la grâce, celle-ci n'a pas disparu pour autant. Elle est toujours là en Dieu pour le peuple quand même celui-ci ne goûte plus aux bienfaits qui y sont afférents. Active en sa faveur, elle lui donne la possibilité, dès que les conditions spirituelles sont réunies, d'être rétabli. Que Dieu me donne le cœur contrit et repentant qu'il attend chaque fois, que, anesthésié par l'habitude, je me détourne de lui pour courir après des choses qui ne sont que néant!

Le privilège d'Israël: Deutéronome 4.32-40

L'exhortation à l'obéissance lancée ici par Moïse à Israël se termine par le rappel au peuple du privilège inestimable qu'il possède d'avoir l'Eternel pour Dieu, un Dieu unique, incomparable, introuvable dans toutes les nations qui se trouvent sous les cieux. Peuple de Dieu, nous n'avons pas besoin d'avoir peur de nous trouver confondu en comparant le Dieu qui est le nôtre avec celui des autres peuples ou des autres religions. Notre Dieu possède des caractéristiques si extraordinaires, il s'est signalé par des actes si élevés qu'aucun autre ne saurait soutenir la comparaison. La différence entre le Dieu de la Bible et tous les autres est telle que, à l'examen, nous ne pouvons aboutir qu'à une seule conclusion: lui seul est l'unique et le vrai Dieu.

En quoi le Dieu d'Israël est-il unique dans ses actes? Il l'est dans la façon avec laquelle il s'est révélé et les actes de salut qu'il a mis en œuvre pour lui. Quel autre peuple qu'Israël a pu connaître une telle proximité avec son Dieu, un Dieu d'une nature si sainte qu'elle est insoutenable, tout en restant en vie? Rappelons-le: même les anges au ciel, non affectés pourtant par le péché, doivent protéger leur regard de Dieu: Esaïe 6.2. Quel autre Dieu que l'Eternel n'a jamais entrepris une telle opération de sauvetage qu'a connu Israël lors de sa délivrance de l'Egypte? Quel autre Dieu que celui d'Israël s'est adressé de manière directe à son peuple pour l'instruire et lui donner connaissance de sa loi? Quel autre peuple que celui d'Israël a vu son Dieu agir pour lui comme il a agi pour déposséder des nations plus grandes et plus fortes que lui et lui donner leurs territoires? Si une première raison de l'obéissance envers la loi de Dieu demandée à Israël réside dans la nature de cette loi (c'est une loi qui procure sagesse et intelligence), une seconde tient au caractère et à la spécificité de celui qui en est l'Auteur. Il est le Dieu saint, unique et parfait.

Si Israël possède des raisons propres pour obéir à son Dieu, combien davantage en a l'Eglise qui, non seulement, est héritière de la même loi, mais possède aussi pour elle le témoignage de Dieu en Jésus-Christ. Ce qu'il a accompli pour elle dépasse en étonnement tout ce qu'il a fait dans le passé pour Israël. Nous pouvons faire le tour de la planète. Nous n'entendrons pas parler d'un autre Dieu qui ait quitté son ciel de gloire, se soit incarné en un homme pour finir sur une croix par amour pour l'humanité. Il a porté nos péchés en son corps sur le bois, dit Paul. Quel Dieu extraordinaire et unique est le nôtre en Jésus-Christ! Béni soit son nom!

Choix de trois villes de refuge en Transjordanie: Deutéronome 4.41-43

Les territoires de Og, roi de Basan, et de Sihon, roi des Amoréens, étant devenus propriété d'Israël, Moïse désigna, selon une disposition donnée par l'Eternel, trois villes qui devaient servir de villes de refuge destinées à permettre à qui s'était involontairement rendu coupable de meurtre, d'échapper à la sentence de mort qu'appelle habituellement un tel forfait. Nombres 35.9-28 définit avec précision les conditions d'application de cette mesure de grâce. La 1re chose que rappelle ici la jurisprudence est le bien-fondé de la loi sur le meurtre. La loi, qui a pour premier objet de sanctionner le péché, le déclare: tout homme qui a tué, et donc versé le sang de son prochain, mérite selon la justice de mourir et de voir, à son tour, son sang versé. Le sang ayant ici été versé, la vie d'un être humain ayant été ôtée par un autre être humain, la loi doit s'appliquer. Pour enrayer la juste marche de la loi, seule une autre loi en a la force. Ne peut échapper à la loi de justice qui condamne un meurtrier qu'une autre loi de justice qui décide que, dans le cas qui le concerne, sa vie doit être épargnée. La grâce par laquelle le meurtrier est épargné n'est pas donnée de manière arbitraire. Tout comme la sentence de mort prononcée par la loi pour le meurtrier, elle ne peut être opérante que sur la base d'un fondement juridique donnée par le même législateur.

Le principe selon lequel le meurtrier involontaire échappe à la loi de justice qui le condamne et ce, par l'effet d'une autre loi qui le gracie, est exactement celui qui s'applique à notre cas et nous vaut notre salut en Jésus-Christ. Prenant la loi telle qu'elle est, le verdict qui nous atteint est sans ambiguïté: tous, nous sommes déclarés pécheurs et coupables. La mort est la juste sentence que méritent nos crimes devant Dieu: Romains 3.9-19. A la différence du cas évoqué au sujet des villes de refuge, nous ne sommes pas pour ce qui nous concerne des pécheurs involontaires. Même si nous ne savons pas ce que nous faisons (que nous n'en saisissons pas toute la gravité): Luc 23.34, ou que nous agissons par ignorance: 1 Timothée 1.13, il n'en reste pas moins vrai que nous sommes responsables de nos actes. La sentence de mort que requiert la loi de Dieu à notre encontre est donc pleinement justifiée. Pour y échapper de manière juste, une seule chose le peut: la force d'une autre loi qui, sur la base d'un fondement légal, nous en affranchit. Cette loi, explique Paul dans cet exposé magistral qu'est l'épître aux Romains sur le fondement juridique de la grâce dont nous sommes l'objet de la part de Dieu, a été mise en œuvre pour nous en Jésus-Christ. Par lui, la sentence de mort qui devait nous atteindre, a été à la fois exécutée et détournée de son objet initial. Ce n'est pas nous qui avons été condamné, jugé et exécuté selon la justice, mais lui. Dès lors, tel le meurtrier involontaire trouvant abri dans les villes désignées dans ce but, en lui, nous pouvons par la foi trouver refuge dans l'espérance qui nous a été proposée: Romains 3.21-26, Hébreux 6.17-18.

Notons encore que ce n'est pas seulement notre salut qui, de manière objective, repose sur un fondement juridique mais, selon Paul, la puissance de vie qui en découle: Romains 7.1-6. L'apôtre déclare ainsi que, sur la base d'un fondement légal, notre mort avec Christ, nous ne sommes plus redevables au péché, mais désormais, au Christ à qui nous appartenons. La loi de l'Esprit de vie en Jésus-Christ nous a affranchis de la loi du péché et de la mort: Romains 8.1. Nous sommes donc libres, non à cause de nous, mais, en accord avec Dieu, le législateur, et sur le fondement de la justice légale, à cause de Christ.

La loi de grâce destinée à épargner la vie du meurtrier involontaire le préservait sous une condition: que celui-ci ne quitte pas la ville de refuge, le lieu de sa sécurité défini par la loi: Nombres 35.26-28. En-dehors de la ville, il tombait de nouveau sous le coup de la loi s'appliquant au meurtrier. Si donc le vengeur de sang le trouvait, il ne se rendait pas coupable en le tuant. Telles sont aussi les limites, le cadre dans lesquels s'exerce notre liberté. C'est en Christ seul, notre ville de refuge, que nous sommes en sécurité à l'égard de la loi. Tout autre terrain sur lequel nous nous tenons nous expose à la condamnation et à la mort!

La loi précise enfin que la mesure obligeant le confinement du meurtrier involontaire s'arrêtait à la mort du grand-prêtre en exercice. Cette limite ôtée, le meurtrier involontaire retrouvait sa liberté de mouvement et de circulation dans tout le pays. Cette mesure ne peut s'appliquer à nous. Nous avons, en effet, en Jésus-Christ, un grand-prêtre qui ne périra jamais. Lui, parce qu'il est éternel, possède un sacerdoce qui n'est pas transmissible: Hébreux 7.24. Pour toujours, c'est en lui que se limite notre liberté d'action et de mouvement. Ne nous en plaignons pas! Nous avons en lui tout ce dont nous avons besoin! La sécurité que le Christ nous offre n'est pas temporaire, sujette à condition ou révocable, mais éternelle. Son nom est vraiment une tour forte et un refuge: Psaume 61.4.

Conclusion: Deutéronome 4.44-49

Le chapitre se clôt en donnant un certificat d'authenticité à ce qui vient d'être dit et en rappelant le lieu où ces paroles ont été dites à Israël. De telles précisions ne sont pas anodines. Elles nous rappellent que les lois et les préceptes de la Parole de Dieu sont ancrés dans une histoire: celle des hauts faits de Dieu en faveur de son peuple. Comme il en sera aussi pour Jésus, aucune déclaration, aucune affirmation faite par Dieu ne repose sur rien. Toutes appuient leur crédibilité sur la démonstration que Dieu en fait. C'est dans le territoire des deux rois conquis en Transjordanie que Dieu déclare par Moïse à Israël qu'il est un Dieu unique et incomparable. De même, c'est en multipliant le pain que Jésus déclare qu'il est le pain de vie. C'est en donnant sa vie pour notre salut qu'il démontre qu'il est le seul vrai bon berger. Nous ne devons pas craindre que la Parole de Dieu s'avère décevante. C'est une parole éprouvée. Elle est le témoignage, non seulement de ce que Dieu dit, mais de ce qu'il est, identité qu'il prouve dans les faits et par ses actes. La Parole de Dieu seule mérite le nom de Parole de vérité, car en elle seule il y a parfaite unité, concordance entre ce qu'elle déclare et ce qu'elle opère quand elle agit. Que Dieu nous donne une confiance renouvelée et sans faille en la Parole inaltérable de Dieu!

Chapitre 5

Rappel de l'alliance conclue à Horeb: Deutéronome 5.1-22

Après un premier discours historique, dans lequel il rappelait les victoires de Dieu pour faire parvenir Israël au point où il se trouvait, Moïse en prononce un second devant tout le peuple assemblé pour lui rappeler les clauses de l'alliance conclue avec lui à Horeb. Dans son introduction, Moïse insiste sur cet aspect des choses. Il aimerait qu'Israël comprenne que ce qu'il va leur dire n'est pas un simple énoncé de règles et de lois auxquelles il doit se soumettre. Les commandements que Dieu leur donne sont les clauses d'une alliance conclue entre Dieu et eux. Pour qu'Israël les considère à leur juste mesure et soit habité par la bonne motivation pour les pratiquer, il faut qu'il soit pénétré par le sens du privilège unique qui est le sien. Dans la pensée d'Israël, comme dans la nôtre, peuple de Dieu de la nouvelle alliance, ce ne sont pas les commandements de Dieu qui doivent avoir la primauté, mais le cadre dans lequel ils ont été donnés: l'alliance. Le même ordre de chose habite l'esprit de Jésus lorsqu'il demande à ses disciples de garder ses commandements: Jean 14.21. Le désir et la volonté de garder les commandements de Christ reposent sur une relation avec lui dont le moteur est l'amour. Or, l'amour du disciple pour Christ ne peut venir que d'une seule chose: de la conscience qu'il a d'avoir été aimé de Dieu: 1 Jean 4.19. Et cet amour de Dieu, le disciple ne le perçoit que d'une seule manière: au travers de l'alliance que Dieu a scellé avec lui au travers du sang de Christ: 1 Corinthiens 11.23-26.

Le cadre posé, Moïse rappelle le contenu essentiel de la loi de Dieu rassemblé au travers des dix paroles que Dieu lui donna pour le peuple sur le mont Horeb où il se trouvait seul avec lui. Ces dix paroles, comme nous le savons, sont réparties en deux tables, dont l'une touche à notre relation directe avec Dieu et l'autre à nos rapports avec notre prochain. Les deux tables déclinent les deux aspects essentiels de la loi que Jésus résumera devant les pharisiens: Matthieu 22.34-40: aimer Dieu de tout son cœur, son âme et son intelligence, et aimer son prochain comme soi-même. Ces deux commandements, dira en quelque sorte Jésus, sont à eux seuls la clé de la compréhension de toute la loi et du message des prophètes. Qu'avec le commandement nouveau que nous a donné le Christ (Jean 13.34), Dieu nous donne de le saisir!

Demande expresse du peuple et réponse de Dieu: Deutéronome 5.23-33

Saisi par la crainte de Dieu suite à la révélation glorieuse dont il a été l'objet, le peuple, dans la personne de ses représentants, adressa la demande expresse à Moïse de servir de médiateur entre Dieu et lui. Il nous arrive souvent de penser avec justesse que la raison pour laquelle nous avons besoin d'un médiateur pour aller vers Dieu vient de notre état naturel de péché. La sainteté de Dieu est telle que personne, dans l'état dans lequel il se trouve, ne peut par lui-même s'approcher de lui. Si cette raison est première, elle n'est pas la seule. Le caractère terrible, effrayant de Dieu est suffisant pour justifier aussi un tel besoin (c'est ce que montre ici le texte). Qui a vu son péché peut seulement se réjouir d'avoir en Jésus-Christ le médiateur dont il a besoin. Mais qui a «vu» la gloire de Dieu, sa puissance, qui a quelque peu été au contact de son feu ne peut que l'apprécier encore davantage. La vision de qui est Dieu justifie autant, si ce n'est plus encore, la nécessité d'un médiateur. Que dans ma vie quotidienne je me souvienne de tous les aspects de la richesse dont je jouis en disposant d'un tel médiateur en Jésus-Christ!

Loin de lui déplaire, la demande du peuple de Dieu trouva un écho favorable en lui. Dieu estima qu'elle était animée par la juste motivation, celle qui devrait présider à tous nos rapports avec lui: la crainte, le saint respect qu'a son peuple pour lui. La crainte de Dieu seule, en effet, a le pouvoir de nous donner d'être dans une attitude juste à son égard et à l'égard de sa Parole et de ses commandements. La crainte de Dieu réjouit le cœur de Dieu et préserve le peuple de tous les risques de chute et d'éloignement.

Chapitre 6

Introduction: Deutéronome 6.1-3

Après avoir énoncé les dix commandements qui sont à la base de la loi morale de Dieu, loi destinée à donner le cadre de la relation et du comportement que les Israélites sont appelés à avoir envers Dieu et entre eux, Moïse poursuit son enseignement en entrant dans le détail de l'application de cette loi. Une nouvelle fois, il introduit cette partie en répétant les enjeux liés à la mise en pratique de ce qu'il va dire. Cette répétition incessante de Moïse, qui souligne l'aspect conditionnel des promesses que Dieu donne à Israël, peut paraître à première vue agaçante. Elle semble faire peser de manière permanente sur la tête du peuple une menace semblable à une épée de Damoclès. Elle fait cependant partie de la pédagogie de Dieu. Le plaisir de Dieu n'est pas de faire peur ou de menacer mais de voir son peuple marcher devant lui dans les dispositions de cœur qui conviennent. Si la crainte de Dieu habite le cœur, nul n'est besoin de menaces: Deutéronome 5.29. La menace n'est appropriée que pour ceux que la désobéissance tente. C'est pourquoi elle fait partie des avertissements que Dieu donne avec ses promesses.

Prenons-en acte! Bien que bénéficiaire d'une nouvelle alliance fondée sur de meilleures promesses, le peuple de Dieu nouveau se doit d'entendre lui aussi les menaces incluses dans les paroles que Dieu lui adresse. Cela d'autant plus que le risque de perte est plus élevé. Si la menace qui pesait sur Israël était de se voir priver de Canaan, la parole nous avertit du danger d'être, à cause de notre péché et de notre incrédulité, carrément rayé du livre de vie: Apocalypse 3.5. Que Dieu nous donne de prendre à la fois ses promesses et ses menaces au sérieux. Elles font partie de l'entier du contrat d'engagement qui régit les clauses de l'alliance que Dieu établit entre nous et lui. Que la crainte de ton nom soit le fondement de ma volonté de marcher devant toi dans l'obéissance et la justice!

La primauté de Dieu et de sa loi: Deutéronome 6.4-9

Si la connaissance et la mise en pratique des commandements de Dieu sont au cœur de l'enseignement donné par Moïse, celui-ci prend bien soin de l'introduire par la motivation qui, dans le cœur du peuple, le rend capable de lui donner sa juste place. C'est parce que l'Eternel est ce qu'il est, le seul et unique Dieu, que son peuple est appelé à prêter une valeur d'exception à sa Parole, ses lois et ses préceptes. Toute l'obéissance que le peuple est appelé à rendre à Dieu n'a de raison d'être qu'en vertu de l'identité unique de Dieu. Perdre de vue qui est Dieu, c'est être immédiatement privé de ce qui, dans votre cœur, vous donne la motivation nécessaire à l'obéissance attendue de vous. Le degré d'obéissance que Dieu désire nous voir adopter à l'égard de ses lois n'est dû qu'à une seule chose: son caractère unique. Avoir un Dieu tel que lui ne peut conduire celui qui le connaît qu'à une seule chose: reconnaître la pleine autorité de sa Parole quant à la manière de vivre qui lui est agréable.

Dieu étant ce qu'il est, la première attitude qu'il convient d'avoir envers lui est de l'aimer. Si l'obéissance, la mise en pratique des lois et des commandements que Dieu donne, est le but que Moïse invite Israël à viser, là encore celle-ci n'a aucune valeur si la juste motivation, celle de l'amour, n'en est pas la cause. Car, pour Israël, avoir un Dieu comme Dieu l'est, ne peut qu'engendrer une seule chose: l'aimer. Que ce soit dans le désir d'obéissance ou la motivation qui en est la cause, Moïse le rappelle: la connaissance et la conscience que chacun a de Dieu est première. Pourquoi voulons-nous faire preuve d'une obéissance entière envers Dieu? Parce qu'il est Dieu, le Dieu unique et éternel! Quelle est la force qui nous pousse à obéir à Dieu et mettre en pratique ses lois et ses préceptes dans nos vies? L'amour que cette connaissance de Dieu suscite en nous! Le même processus guide la relation des disciples de Jésus avec lui: Jean 14.21.

Notons que, pour Moïse, aimer Dieu dépasse le cadre des simples sentiments. L'amour de Dieu, certes, passe par le cœur, mais aussi par l'âme, la pensée, la volonté, et la pratique. Parce que Dieu est ce qu'il est, le Dieu unique, on ne peut pas l'aimer à moitié ou de manière relative. L'amour porté à sa personne ne peut que dépasser celui envers soi-même ou envers les autres. Jésus ne le concevait pas autrement pour lui-même de la part de ses disciples, ce qui prouve de manière indirecte sa divinité (Luc 14.26).

Comment se révèle et se manifeste l'amour que l'on a pour Dieu? Essentiellement par une chose: la place qu'occupe sa Parole dans nos vies. Aimer Dieu, selon Moïse, c'est avoir le souci de donner en toutes choses à sa Parole la primauté et la place d'honneur qui lui revient. Avons-nous le souci de transmettre à nos enfants un héritage de valeur? Inculquons-leur la Parole de Dieu! Désirons-nous nous entretenir les uns les autres de choses édifiantes: que la Parole de Dieu, ses lois, ses préceptes, soient au cœur de nos conversations! Voulons-nous être missionnaires partout où nous allons? Parlons, témoignons de ce que la Parole représente pour nous, de l'amour que nous lui portons à cause de celui qui en est l'objet! Avons-nous la crainte de l'oublier? Gravons-la, méditons-la jour et nuit, matin et soir, mémorisons-la de manière à ce qu'elle soit constamment présente à notre esprit! Telle est la conception que Dieu a de la relation que nous devons avoir avec lui par sa Parole!

Les dangers qui guettent Israël dans Canaan: Deutéronome 6.10-19

Alors qu'Israël s'apprête à entrer dans Canaan, Moïse avertit le peuple des causes de chute que Canaan lui-même pourrait occasionner, hormis la vigilance. Canaan, en effet, n'est pas n'importe quel pays. C'est, le rappelle Moïse de manière incessante, le pays que Dieu leur destine. Or, précise Moïse, il y a un danger inhérent lié à la nature même du don. Ce danger se situe, avec le temps, dans l'oubli de la grâce dont Israël a été l'objet de la part de son Dieu au travers des richesses et des trésors hérités sans effort. Un cadeau reçu est quelque chose de précieux. Plus le cadeau a de la valeur, plus la reconnaissance envers le donateur devrait remplir le cœur du destinataire. Le cœur de l'homme, malheureusement, est vite oublieux et ingrat. La bénédiction de Dieu est la preuve de son amour. Mais, sans attachement à sa personne, il arrive, à cause du cœur mauvais de l'homme, que la jouissance même des bienfaits dont nous sommes l'objet de sa part nous détourne de lui. Quel que soit le nombre d'années depuis lesquelles nous jouissons de la faveur de Dieu, cultivons à chaque instant un esprit de reconnaissance envers lui! Rien de ce dont nous jouissons n'est normal ou naturel. Tout est don, cadeau de son infinie générosité. L'oublier est le premier pas vers le déclin et l'arrogance!

Avec l'ingratitude, naît vite l'insatisfaction. Israël l'a déjà connu. Alors que, dans le désert, Dieu pourvoyait chaque jour aux besoins d'Israël par le don miraculeux de la manne, Israël, en révolte, s'en est lassé. Il se mit alors à geindre et à lui réclamer, pour son malheur, de la viande: Nombres 11.4-6, 31-34. S'il ne prend pas garde aux désirs tortueux de son cœur, le même risque guette Israël en Canaan. Le cœur est ainsi fait qu'il doit s'attacher fortement à une chose pour être libre de la puissance d'attraction des autres. Pour un cœur attaché à Dieu, la tentation de l'idolâtrie est inexistante. Détaché de lui, le cœur, sans force naturelle pour résister, a mille risques de succomber, soit en tentant Dieu lui-même, soit en se laissant séduire par l'attrait des faux dieux du monde qui l'environne. Que la crainte de ton nom et la reconnaissance envers ta grâce, ô Dieu, ne cessent de remplir nos cœurs!

Témoignage et transmission: Deutéronome 6.20-25

La reconnaissance et l'obéissance dans lesquelles Israël est appelé à vivre en Canaan n'ont pas lieu d'être seulement pour sa propre pérennité dans le pays. Elles sont aussi le socle sur lequel la génération qui est entrée dans le pays prépare celles qui la suivront à adopter la même attitude à l'égard de Dieu et de ses lois. Comment, en effet, les générations qui n'ont pas connu l'Egypte, mais qui seront nées en Canaan, pourraient-elles adopter l'attitude de reconnaissance et d'obéissance que Dieu attend d'elles si elles ne les voient pas dans celle qui a fait l'expérience physique de la libération et de l'élargissement?

Il arrive à chacun de nous de nous poser la question de savoir comment transmettre à la génération qui nous suit le flambeau de la foi et d'une vie qui honore Dieu. La réponse à cette préoccupation se trouve ici. Ce qui peut marquer la génération qui nous suit n'est pas tant nos discours que ce qu'elle voit vivre en nous. Si Moïse exhorte les pères à inculquer la Parole à leurs enfants: Deutéronome 6.7, il fait remarquer ici que ce qui met en mouvement les fils, pour demander aux pères ce que signifient toutes les lois qu'ils suivent, est l'obéissance et la reconnaissance à Dieu dont leurs vies sont empreintes. Si nous voulons que nos fils et nos filles nous suivent dans la voie de Dieu, nous devons marcher largement devant eux pour qu'ils voient en nous le modèle à reproduire. Que Dieu nous donne, en tant que pères, un sens aigu de notre responsabilité spirituelle à l'égard de nos enfants!

Chapitre 7

Séparation radicale: Deutéronome 7.1-15

Dans la même ligne que précédemment, Moïse continue ici à prescrire ce que devra être l'attitude d'Israël après que le Seigneur l'aura fait entrer dans le pays. Comme déjà vu, le fait pour Israël d'entrer en Canaan ne constitue pas en lui-même une ligne d'arrivée. Certes, Canaan est le but final du salut et de la délivrance que Dieu a opéré pour Israël depuis l'Egypte. Mais Canaan est aussi un point de départ, le départ pour Israël d'une vie où l'Eternel est Seigneur. Toutes les prescriptions données par Moïse jusqu'ici et toutes celles qui suivront visent cet objectif: qu'Israël soit un peuple consacré, le peuple que Dieu a voulu pour magnifier son nom et le glorifier aux yeux de tous les autres peuples.

L'objectif de Dieu défini, Moïse prône ici comme une nécessité primordiale la séparation la plus radicale d'Israël, peuple de Dieu, d'avec tous les peuples occupant Canaan jusqu'alors. Le peuple de Dieu, racheté par Dieu, n'a et ne peut rien avoir de commun avec ces peuples. Aussi, tout en lui indiquant de quelle manière doit se concrétiser cette séparation, Moïse avertit Israël du danger qu'il court en cas de compromis avec eux. La séparation d'Israël avec les autres peuples doit se concrétiser de plusieurs manières:

* La 1re est qu'Israël doit adopter à leur égard l'attitude qui est celle de Dieu. A cause de leurs actes et de leurs pratiques abominables, ces peuples étaient maudits de Dieu, mûrs pour le jugement. Le don de Canaan à Israël n'avait pas pour seul but de leur donner un pays, mais, par ce don, de juger et de

détruire les peuples qui l'occupaient. Bras armé de Dieu pour manifester sa justice, Israël est appelé à ne faire preuve d'aucune compassion envers eux: cf. Genèse 15.16; Deutéronome 18.9-13!

* La 2e est qu'Israël doit se garder de toute alliance par mariage avec des membres de ces peuples. L'union et le mélange sont incompatibles entre Israël, peuple consacré à Dieu, et les gens idolâtres de ce peuple. Certains d'entre nous pourraient être amenés à penser qu'en s'unissant avec leurs fils ou leurs filles, les Israélites finiraient par gagner quelques-uns d'entre eux à l'Eternel. Dieu ne l'envisage pas de la sorte. Il craint au contraire que la contamination se fasse dans l'autre sens. Si le cas se produisait, il ne serait qu'exceptionnel.

* La dernière est que ce ne sont pas seulement les peuples qui occupaient Canaan qui devaient être délogés, mais encore les autels, les pierres et tous les objets servant à leurs cultes idolâtres. Chaque culte a ses «objets» sur lesquels se cristallise l'adoration ou la vénération rendue au dieu qu'ils représentent. Seul le culte rendu au vrai Dieu l'interdit: Deutéronome 5.8. Car Dieu, le Dieu d'Israël, est lui seul impossible à représenter!

Les conséquences du refus de la radicalité prescrite dans la séparation d'Israël avec ces peuples sont doubles:

* Comme déjà dit, au lieu que ce soient ces peuples qui s'éloignent de leurs dieux, c'est l'inverse qui se produit. La pente du péché est toujours plus facile à suivre que celle de la sainteté.

* La colère de Dieu, destinée à ces peuples qu'il voulait juger, se retourne contre son propre peuple. On ne peut épouser le monde rebelle à Dieu sans épouser le sort qui l'attend: cf. la femme de Lot: Genèse 19.25-26.

Que Dieu nous rappelle, en tant que peuple de la nouvelle alliance, le but même de notre vocation: être dans le monde un peuple qui lui appartienne en propre: 2 Corinthiens 6.14-18.

Fondements de la relation entre Dieu et son peuple: Deutéronome 7.7-15

Si Israël est un peuple mis à part pour Dieu, l'Eternel rappelle que ce n'est pas en raison de sa valeur ou de ses qualités propres qu'il bénéficie de ce privilège. Israël, rappelle Moïse, n'avait rien en lui-même qui puisse attirer le regard de Dieu: ni grandeur, ni force, ni pouvoir d'influence quelconque. Le choix d'Israël ne tient qu'à une seule chose: à des qualités qui habitent en la personne même de Dieu. C'est uniquement pour les manifester que Dieu a choisi Israël. Ce que Dieu a voulu mettre en valeur en portant son choix sur Israël sont deux choses:

* la 1re est son amour pour eux: amour gracieux et gratuit;
* la 2e est sa fidélité: fidélité à sa parole et aux promesses faites aux pères.

Les mêmes raisons président au choix, à l'élection dont sont l'objet les membres du peuple de la nouvelle alliance. C'est par grâce, dit la Bible, que nous sommes sauvés: Ephésiens 2.8. La miséricorde dont nous sommes l'objet est de la même nature que celle qui, avant nous, a été faite à Israël: Romains 11.31. Alors que nous nous désolons pour notre péché, souvenons-nous en: le but de Dieu en nous choisissant n'est pas d'exalter notre valeur, mais celle de la grâce dont nous avons été en Christ l'objet de sa part: Romains 5.20. Cette grâce n'est certes pas un prétexte pour pécher, car le péché porte toujours en lui ses fruits mortels: Romains

6.1, 12, 16. Réjouissons-nous cependant de ce que le résumé de toute notre histoire, comme de celle d'Israël, magnifie et exalte, non seulement l'amour, mais la fidélité de Dieu à ses promesses et ses engagements! Oui! Toute la gloire des bienfaits vécus par le peuple de Dieu dans le cadre de son alliance avec lui revient à Dieu seul.

Si l'amour et la fidélité de Dieu sont la garantie de la pérennité de l'alliance contractée entre Dieu et Israël, cette fidélité dont Dieu fait preuve, rappelle Moïse, s'applique aussi bien aux promesses qu'aux menaces présentes dans le contrat. Comme tout contrat, celui qui régit les relations entre Dieu et son peuple comporte des engagements suspendus à des conditions. Comme il en est pour le mariage, l'amour et la fidélité auxquels Dieu s'engage envers son peuple ne s'entendent que dans le cadre d'un amour réciproque et partagé. Qui hait Dieu rompt de lui-même les obligations d'amour auxquelles Dieu s'est engagé dans le contrat pour faire face inévitablement aux menaces prévues dans ce cas.

De quelle manière, par quelles preuves sera-t-il démontré aux yeux de Dieu qu'un homme ou qu'Israël s'est détourné de Dieu au point où les obligations d'amour de Dieu envers lui sont suspendues pour faire place à ses menaces? Dieu y répond clairement: ce sera au moment où, au lieu d'obéir aux commandements qu'il a donnés en les mettant en pratique, la partie concernée manifestera à leur égard une volonté de transgression flagrante. Tant que le peuple, dans sa faiblesse et son imperfection, démontre le désir d'obéir à Dieu en s'attachant à la mise en pratique de sa Parole, la bénédiction de Dieu, assure Moïse, lui est garantie. L'engagement de Dieu à ce sujet, comme il en est de toute parole que Dieu donne, n'est pas fait que de mots. Il se décline de manière pratique de plusieurs manières:

* la multiplication du fruit des entrailles;
* la multiplication du fruit de la terre et de tous les produits du sol;
* la reproduction des bovins et les portées généreuses du petit bétail;
* la bonne santé des bêtes et des hommes;
* la fécondité des femmes et des bêtes;
* la protection du peuple à l'égard des épidémies;
* la promesse de la victoire dans la guerre contre les peuples occupant le pays;
* tout ce qui, en fait, assure le bien-être, la sécurité et la longévité d'un peuple.

Retenons la leçon! Des deux côtés, le contrat qui lie Dieu à son peuple repose sur la mise en pratique de leurs engagements l'un envers l'autre. Ces engagements ne peuvent se vivre que dans le cadre d'une relation fondée sur un amour partagé. Qui n'aime plus rompt l'engagement et délivre l'autre de ses obligations. Dans l'alliance qui nous lie à Dieu, le défaut vient toujours de nous. Là est la faiblesse de l'ancienne alliance. En Jésus-Christ, notre justice, et par le Saint-Esprit habitant en nous, Dieu y apporte une solution dans le cadre de la seconde alliance: Hébreux 8.8-13. Que son nom soit béni et exalté!

Promesse de victoire: Deutéronome 7.16-26

Suite à l'affirmation selon laquelle Israël dominera et chassera tous les peuples occupant Canaan, Moïse anticipe le doute qui pouvait se lever dans le cœur du peuple. «Comment Israël, à lui seul, pourrait-il donc déposséder ces nations plus grandes, plus puissantes, plus nombreuses que lui de ce territoire qu'elles habitent depuis des générations?» La réponse, dit Moïse, ne se trouve ni dans l'évaluation que peut faire Israël de sa force ou des moyens qu'il possède dans le présent, ni dans une anticipation du futur. Elle se trouve dans le passé d'Israël. Ce qui doit faire référence pour lui, n'est ni le regard sur lui dans le présent, ni la vision à venir d'une victoire reposant sur la force de sa foi, mais le souvenir dans la foi de ce que Dieu a été et a fait pour eux en Egypte.

Il se peut que, comme Israël, nous soyons, suite à notre conversion, placés devant des défis qui nous dépassent. Souvenons-nous qu'aucun de ces défis, en termes d'impossibilité, ne surpasse celui qui consistait à nous affranchir de la servitude du péché dans laquelle nous nous trouvions et de la puissance qui nous dominait. Comme l'Egypte pour Israël, le jour de notre libération par Christ doit être et rester pour nous le point de référence permanent de la foi. Là, Christ a effacé l'acte rédigé contre nous en vertu des prescriptions légales. Il l'a enlevé en le clouant à la croix. Là, Christ a dépouillé les principautés et les autorités qui nous asservissaient et les a publiquement livrées en spectacle en triomphant d'elles par la croix: Colossiens 2.14-15. La libération vécue dans le passé est la garantie des victoires à venir, victoires qui ne sont ni à imaginer, ni à inventer dans la foi. Car ce n'est jamais à nous mais toujours à son nom que Dieu veut donner gloire dans notre vie. Il l'a fait et il le fera encore! Tout ce que nous faisons, c'est lui qui l'accomplit pour nous: Esaïe 26.12.

Qu'Israël, dans sa marche avec Dieu et face aux défis nouveaux qui sont sur sa route se souvienne de la délivrance d'Egypte! Que nous, Eglise de Jésus-Christ, nous nous reposions sur la victoire de la croix pour tous les défis de la foi qui se présentent à nous!

Outre la référence à la délivrance d'Egypte, Moïse, pour encourager le peuple à aller de l'avant par la foi, prédit que ce que Dieu a fait dans le passé est loin de représenter toutes les possibilités qui sont à sa disposition. L'arsenal des armes de Dieu est sans limite. Tout comme il a ouvert la mer pour les sauver du pharaon, il enverra devant Israël une armée de frelons qui fera disparaître leurs ennemis. Moïse témoigne une fois de plus de ce que Dieu lui a dit au moment où, acculé devant la mer rouge, il était pris de panique. Face aux défis que le peuple est appelé à relever, ce n'est pas lui, mais l'Eternel qui combattra pour lui: Exode 14.14.

Si le combat et le choix même des armes reviennent à Dieu, il existe une part qui ne revient qu'à Israël. Cette part est celle d'une séparation totale, radicale avec tout ce qui avait trait aux pratiques idolâtres des peuples qui occupaient Canaan. Même si de nombreuses richesses entouraient ces cultes, argent, or décorant les statues des divinités, Israël devait se garder de récupérer quoi que ce soit. Au-delà des objets, c'est l'usage que les peuples en ont fait qui, aux yeux de Dieu, les rend abominables et donc impropres à leur conversion. Nous trouvons le même principe appliqué dans le livre des Actes pour d'autres objets de grande valeur: Actes 19.19.

La question se pose à nous aussi. Sommes-nous réellement consacrés à Dieu seul? Les objets qui sont dans nos maisons témoignent-ils de cette consécration? Ou y en a-t-il parmi eux qui, aux yeux de Dieu, sont abominables? Que Dieu, par son Esprit, poursuive en nous son œuvre de sanctification!

Chapitre 8

L'école du désert: Deutéronome 8.1-5

Alors qu'Israël s'apprête à entrer dans Canaan, Moïse invite le peuple à un retour en arrière pour tirer les leçons des 40 années de pérégrinations dans le désert par lesquelles Dieu l'a fait passer. Au-delà de la désobéissance et de l'incrédulité qui furent à l'origine de ce détour: Nombres 14.34-35, le passage par le désert avant Canaan est présenté ici par Moïse par une école de formation pour le peuple qui visait essentiellement deux buts. Le premier était qu'il serve de test divin pour mettre en relief quelles étaient les dispositions de cœur du peuple à l'égard des lois et des commandements de Dieu. Il se peut que, comme Israël, nous passions dans notre vie par des étapes désagréables qui nous paraissent aller à l'encontre des objectifs auxquels Dieu nous a appelés. Dieu ne se trompe pas. Sans perdre de vue son but, ce que Dieu travaille ici est notre cœur. La difficulté par laquelle il nous fait passer a comme objet de nous rendre aptes à vivre, selon les dispositions que Dieu souhaite voir dans nos vies, la bénédiction qu'il nous a préparé. Le passage dans le désert était nécessaire pour préparer Israël à vivre dans l'abondance et ne pas prendre celle-ci comme un fait acquis. Plus que la bénédiction qu'il veut nous donner, ce qui compte pour Dieu est la disposition de cœur avec laquelle nous la vivons. Le principe mis en valeur ici se répétera sous d'autres formes ailleurs. David, par exemple, en fera l'expérience. Bien que oint roi très jeune, il devra lui aussi vivre de manière forcée l'école du désert. Si, sur le plan humain, Saül était l'ennemi de

David, dans le domaine spirituel, il sera l'instrument de la formation de son cœur à sa future fonction de roi. L'épreuve ayant atteint son but, nulle raison de laisser Israël ou David dans le désert. L'un comme l'autre peuvent entrer de plain-pied dans ce pour quoi Dieu les a appelés. Il n'est pas du plaisir de Dieu de nous affliger, mais l'affliction est parfois la meilleure école pour nous apprendre à apprécier à sa juste valeur le bien dont il veut nous faire jouir par la suite: Deutéronome 8.16.

Le second but du passage dans le désert était d'enseigner Israël à dépendre de Dieu pour tous ses besoins. Certes, Canaan était le pays de l'abondance: cf. Deutéronome 8.7-9. Dieu tenait cependant, avant de faire entrer Israël dans son bon pays, à ce qu'il apprenne que, dans la pauvreté comme dans l'abondance, c'est de Dieu qu'il recevait tous ses bienfaits: cf. Philippiens 4.11-12. Moïse en appelle au témoignage de tout le peuple! Y a-t-il une seule chose vitale, essentielle à sa vie, dont Israël aurait manqué dans le désert? Ni pour ce qui concerne le manger, avec la manne, le boire, avec l'eau du rocher, ou le vêtement, la fidélité de Dieu n'a pas failli. Alors que l'abondance est à la porte, Israël se doit d'intégrer la grande leçon que le désert était destiné à lui inculquer: l'homme ne vit pas de pain seulement, mais d'abord (et surtout) de tout ce qui sort de la bouche de Dieu: promesses, lois, commandements, préceptes... Une leçon que Jésus lui-même ne manquera pas de rappeler au tentateur dans le désert: Matthieu 4.3-4.

Que Dieu nous aide nous aussi à apprendre des leçons du désert dans nos vies! Plus il est long, plus il est formateur. Souvenons-nous que les pierres les plus dures ne se trouvent pas dans le désert, mais dans nos cœurs!

L'abondance et ses dangers: Deutéronome 8.6-20

Après l'appel au souvenir, c'est au danger de l'oubli que Moïse veut rendre sensible Israël avant qu'il entre dans le bon pays que Dieu a préparé pour lui. La nécessité d'entretenir le souvenir des hauts faits de Dieu est présentée dans le Deutéronome comme un élément fondamental de la pérennité et de la qualité de la relation d'Israël avec Dieu: Deutéronome 4.3; 8.2, 18; 9.7, 27; 24.9; 25.17. L'entretien permanent de ce souvenir apparaît comme la meilleure protection contre l'oubli, cause de toutes les dérives: Deutéronome 4.9; 6.12; 8.11, 14, 19.

La nécessité de ne pas oublier les leçons apprises dans le désert sur soi-même et la fidélité de Dieu est soulignée dans la seconde partie de ce chapitre par le danger que représente l'abondance pour le cœur du peuple de Dieu. Le cœur, qui est la raison de la première partie de l'enseignement de Moïse, l'est aussi pour la seconde: Deutéronome 8.2, 14. Si le désert avait pour but de créer dans le cœur d'Israël les dispositions le rendant apte à vivre en Canaan, l'abondance du pays promis recelait en elle-même le plus grave des dangers: celui d'oublier à quoi cette abondance était due (la grâce de Dieu) et se mettre à penser alors que c'est à soi-même et à sa force seule que l'on doit le bonheur auquel on est parvenu: Deutéronome 8.17. L'oubli ou l'éloignement de Dieu a toujours la même cause: l'ingratitude, le fait d'omettre de rendre à Dieu ce qui, de droit, lui revient: Romains 1.20-21.

Que, par son Esprit, Dieu me donne de vivre en Christ toutes les bénédictions dont il veut me gratifier!

Chapitre 9

La question de la justice: Deutéronome 9.1-29

Alors qu'Israël s'apprête à entrer dans Canaan pour livrer de grandes batailles contre des ennemis plus puissants que lui, Moïse tient à anticiper une autre méprise à laquelle les victoires remportées pourraient lui faire croire. Comme les richesses, dont Israël va jouir en Canaan, ne sont pas le fruit de sa force, mais celui du don de la grâce: Deutéronome 8.17, l'avantage dont fera preuve le peuple de Dieu sur ses ennemis n'a rien à voir avec sa justice. Trop souvent, de manière humaine, il nous arrive de raisonner ainsi. Il suffit que nous rencontrions un peu de succès pour penser tout de suite que nous sommes meilleurs que les autres. Moïse tient à corriger cette façon de penser. Tout ce qu'Israël vit et connaît de bien lui vient de Dieu seul, et de sa grâce. Penser autrement, c'est nier les faits. Pour le démontrer, Moïse développe un raisonnement fait de quatre éléments:

1er élément: la méchanceté des nations

Ce n'est pas la justice d'Israël qui est la cause de leur ascendant sur leurs ennemis, mais le jugement que Dieu opère sur eux à cause de leur méchanceté: Deutéronome 9.4. La conquête de Canaan par Israël est à la fois le don que Dieu fait à son peuple et l'heure de son jugement sur ses anciens occupants. Dieu donnera à Moïse plus tard les raisons spirituelles de l'arrêté divin à leur sujet: Deutéronome 18.12.

2e élément: la promesse faite aux pères:

L'argument a déjà été mentionné par Moïse: Deutéronome 1.8, 35; 4.31; 6.10, 18, 23; 7.8, 13; 8.1, 18. Il ne cesse de le répéter à la génération à qui il s'adresse. Leur entrée dans le bon pays qu'il leur donne n'est pas due à leur justice. Elle est l'accomplissement du serment qu'il a fait dans le passé aux pères, Abraham, Isaac et Jacob. C'est la fidélité de Dieu à sa Parole et à son engagement qui est la cause de leur privilège.

3e élément: leur conduite dans le désert

C'est la partie la plus développée de l'argumentaire. En guise de justice, Israël n'a fait preuve tout au long de son périple que de désobéissances, de rébellions, d'impatience ou d'incrédulité. Les faits qui le démontrent sont légion. Moïse rappelle les plus saillants et les plus douloureux: l'épisode du veau d'or: Deutéronome 9.12-17, les révoltes de Massa: Deutéronome 6.16, Tabeéra: Nombres 11.3, Kibroth-Hattaava: Nombres 11.34... Sans la prière et l'intercession fervente de Moïse en faveur d'Israël, la colère de Dieu l'aurait détruit: Deutéronome 9.18-21, 25-29.

4e élément: la réputation de Dieu

Elle est l'argument final que Moïse développe dans sa prière d'intercession pour le peuple: Deutéronome 9.28-29, celui qui a conduit Dieu à renoncer à faire usage de sa colère dévastatrice. La destruction d'Israël dans le désert ne pouvait que donner lieu à une mauvaise interprétation de l'événement par les peuples spectateurs. Inévitablement, ceux-ci en concluraient que le Dieu d'Israël, qui a paru si fort en Egypte, ne l'était pas en réalité, puisqu'il n'avait pu mener à terme son projet avec lui. Si Israël périssait, le préjudice porté au nom, à la gloire et à la réputation de Dieu serait plus grand encore. L'attachement que Dieu y portait fit mouche.

En dépit de sa première réaction, Dieu épargna Israël qui subsista et atteignit le port désiré.

Souvenons-nous que la leçon qui vaut pour Israël vaut aussi pour nous! C'est uniquement à cause de Jésus-Christ, sa grâce et l'attachement que Dieu porte à sa propre réputation que nous bénéficions des richesses de sa plénitude. Que Dieu nous garde en tout temps de nous méprendre sur nous et notre valeur!

Chapitre 10

Le pardon de Dieu: Deutéronome 10.1-11

Moïse poursuit l'enseignement qu'il veut donner à Israël en reprenant le récit de leurs pérégrinations là où il l'a laissé, au moment de l'épisode du veau d'or. Si Israël a fait preuve de beaucoup de désobéissances dans son parcours, nul doute que celle-ci est à inscrire comme la plus outrageante à l'égard de Dieu. Ici, pour la première fois, Dieu a envisagé de détruire Israël et de mettre à sa place Moïse et sa descendance au cœur de son projet: Deutéronome 9.14. La colère et l'indignation de Moïse furent telles, à la vue du spectacle idolâtre qui s'offrait à ses yeux lorsqu'il redescendit de la montagne, qu'il brisa les deux tables de pierre gravées du doigt de Dieu et reçues de sa main. En ce temps, Aaron, son frère, et tout Israël ne durent le salut qu'à une seule chose: l'intercession fervente de Moïse reprenant les arguments rappelés dans le chapitre précédent.

Sensible à la prière de Moïse, l'Eternel l'exauça. Il accorda le pardon à Israël et demanda à Moïse de revenir vers lui sur la montagne avec deux nouvelles tables de pierre sur lesquelles il graverait les paroles qui figuraient sur les premières. Les tables seraient conservées dans un coffre porté par les Lévites, tribu mise à part pour ce service. C'est peu de temps après cet épisode, rappelle Moïse, qu'Aaron mourra et sera remplacé dans le sacerdoce par son fils Eléazar.

La volonté de Dieu pour Israël: Deutéronome 10.12-22

Le rappel douloureux par Moïse de ces épisodes honteux du parcours d'Israël poursuit un seul but. S'il n'est pas à l'avantage du peuple, il n'a pas pour objet de raviver le sentiment de leur culpabilité, mais de le rendre conscient d'une chose: la grâce immense dont il est l'objet. Plus que toute autre nation sous le ciel, Israël doit se considérer comme privilégié. Le Dieu à qui il appartient est un Dieu unique. Il est le Propriétaire de l'univers entier, aussi bien le cosmos que tout ce qui s'y trouve. C'est vers Israël seul pourtant que son cœur s'est porté pour en faire son peuple. Considérant cette grandeur et cette grâce dont Israël a été l'objet, Moïse formule ici la seule exigence que Dieu ait à cœur dans sa relation avec lui. Que demande Dieu, si ce n'est que son peuple, en réponse à toutes les preuves et les marques d'attention et d'amour dont il a été l'objet, l'aime, s'attache à marcher avec lui et lui obéisse de tout son cœur?

Si Israël est l'objet de l'amour et de la grâce de Dieu, il ne doit jamais oublier qui est ce Dieu qui l'a appelé et choisi. Le Dieu d'Israël n'est pas un dieu que l'on peut s'assujettir. Il n'est ni pour nous, ni contre les autres: cf. Josué 5.13-14. Il est un Dieu libre, autonome, totalement souverain. Son amour qui le porte vers Israël ne le rend pas pour autant partial envers lui. Il est le Dieu, juste, immuable, il accorde certes ses faveurs, mais il ne cède jamais au favoritisme. Il aime Israël, mais son amour pour lui n'est pas exclusif. Il se porte aussi vers l'étranger, la veuve, l'orphelin, tous ceux qui, d'une manière ou d'une autre, sont dans une situation sociale de marginalité et de besoin. Si l'Eternel s'attend à être aimé d'Israël, il s'attend aussi à être craint par lui, en raison de la souveraineté absolue qui le caractérise. Le Dieu qui a choisi et aimé Israël est et reste un Dieu redoutable.

En plaçant Israël face à son devoir à l'égard du Dieu qui l'a appelé, Moïse précise aussi de quelle manière il pourra s'en acquitter. Dans son état naturel, il est impossible au peuple de Dieu de répondre à l'attente et aux exigences légitimes de son Dieu. La difficulté ne vient pas seulement de la faiblesse de sa volonté, mais de l'incapacité de son cœur à produire par lui-même le fruit attendu. Il faut donc que le cœur d'Israël soit circoncis, qu'il porte en lui la marque de son appartenance à Dieu. C'est ici la seule façon pour lui d'être libre de sa tendance naturelle à la rébellion: Deutéronome 10.16. Cette nécessité, la loi seule et ses ordonnances sont incapables de la produire. Il faudra l'œuvre du Saint-Esprit, ce que les prophètes diront à Israël après des siècles de constat d'échec du peuple de Dieu pour l'aimer et lui obéir: Jérémie 4.4. Des siècles avant l'heure, nous sommes ici au cœur de l'enseignement de Jésus, Paul et tous les apôtres dans le Nouveau Testament: Romains 2.28-29.

Que Dieu nous donne en Christ de le craindre et de l'aimer comme il se doit!

Chapitre 11

Conclusion du discours

Rétrospective: Deutéronome 11.1-9

Le but de Moïse, dans ce dernier chapitre de son discours, est de récapituler les raisons pour lesquelles il est bon qu'Israël aime son Dieu, s'attache à lui et lui obéisse en se soumettant aux commandements, aux ordonnances et aux préceptes de sa loi. Pour ce faire, Moïse commence par une rétrospective dans laquelle il rappelle quelques-uns des hauts faits significatifs de l'œuvre de Dieu pour le salut de son peuple:

* 1er fait: la délivrance extraordinaire et miraculeuse d'Egypte. La génération à laquelle il s'adresse possède un privilège que ne connaîtront jamais celles qui la suivront. Même si la plupart des Israélites auxquels Moïse s'adresse étaient jeunes aux moments des faits, ils ont vécu et vu de leurs propres yeux les actes puissants que Dieu a opéré en faveur d'Israël et contre le pharaon en Egypte. Cette génération a vu comment, de manière miraculeuse, la mer Rouge s'est ouverte pour laisser passer Israël et comment elle s'est refermée pour engloutir tout entière l'armée du pharaon. Le souvenir de ces actes puissants devrait suffire à Israël pour le motiver à aimer l'Eternel, son Dieu, et à le suivre.

* 2e fait: le jugement que Dieu opéra contre les chefs rebelles à Moïse, Dathan et Abiram, dans le désert: Nombres 16. Comme

ce fut le cas dans la première église avec la mort violente d'Ananias et Saphira: Actes 5.1-11, le châtiment brutal dont ils firent l'objet est là pour rappeler à tous que le Dieu de grâce qui sauve son peuple est aussi un Dieu saint et juste que nous sommes appelés à craindre.

Aimer Dieu et le craindre sont inséparables l'un de l'autre. Les deux attitudes se valent et se justifient par la connaissance exacte et équilibrée que nous avons de la personne glorieuse de Dieu. Jour après jour, il nous faut nous souvenir à chaque instant de sa grâce et sa souveraineté, sa majesté et sa proximité, sa puissance et sa compassion. Dieu est ainsi et aucune des facettes de son être, dans la relation que nous avons avec lui, ne doit être privilégiée aux dépens d'une autre. Que Dieu nous aide à reconnaître qui il est et à nous souvenir du témoignage qu'il a laissé de lui-même dans l'histoire par ses œuvres.

Le bon pays de Canaan: Deutéronome 11.10-15

A côté de la première raison – la personne de Dieu – qui fait que, pour Israël, l'aimer et s'attacher à lui soit la chose la plus sensée à faire, il y en a une deuxième: la nature même du dessein de Dieu pour lui. Ce dessein, nous dit Paul au sujet de l'Eglise, est un dessein bienveillant: Ephésiens 1.9. Il en est de même pour Israël. Moïse le dit: il n'y a pour Israël aucune comparaison entre la vie qu'il a connue en Egypte et celle qui sera la sienne en Canaan. Ni la terre qu'ils vont recevoir, ni les conditions dans lesquelles son exploitation se passera ne sont identiques. Alors que l'Egypte était le lieu de l'esclavage, de la misère et de l'oppression, Canaan sera celui de la liberté, de la profusion et de la bénédiction. Préparé pour son peuple, Canaan sera, dit Moïse, l'objet de toute l'attention de Dieu. Dans la pensée de Dieu, Canaan, en effet, n'est pas secondaire. Si la délivrance d'Israël de l'Egypte est la première marque du témoignage de la puissance de Dieu aux yeux de tous les peuples, Canaan, but ultime de cette délivrance, en est l'apogée. La vocation d'Israël, témoin de Dieu dans le monde, ne se limite pas à sa délivrance. Elle s'accomplit pleinement dans la démonstration de la plénitude qu'il vit en Canaan.

Avons-nous conscience, en tant que chrétiens, de ce double aspect des choses? Notre conversion, certes, est un puissant témoignage rendu à Jésus-Christ aux yeux des hommes de sa capacité à sauver. Ce salut dans lequel nous sommes entrés n'a cependant d'efficacité au fil du temps que dans la mesure où nous vivons de la plénitude de la grâce dont nous avons été l'objet. Rien n'est autant un désaveu pour Christ qu'un chrétien misérable. L'objectif de Dieu n'est pas que nous vivions chichement, mais richement. Jésus n'est pas seulement venu pour nous sauver, mais pour que nous vivions une vie abondante: Jean 10.10. Que nos vies, ô Dieu, soient à la louange de ta gloire!

L'obéissance à la loi de Dieu, condition de la pérennité de la bénédiction: Deutéronome 11.16-25

Si Canaan, le pays de l'abondance et de la bénédiction, est l'objectif du dessein bienveillant de Dieu pour Israël, la pérennité de sa jouissance est tout entière liée, rappelle Moïse, à l'attitude d'Israël à l'égard de Dieu et de sa loi. Comme il n'y a, quant à la bénédiction de Dieu, aucun acquis sans obéissance, de même il n'y a aucune conservation sans elle. C'est par l'obéissance à Dieu que le peuple de Dieu entre dans la plénitude de ce que Dieu lui réserve, et c'est par elle aussi qu'il s'y maintient. Du début à la fin, l'obéissance est un élément clé pour la qualité de la relation que le peuple de Dieu vit avec son Dieu. Difficile, voire impossible, pour Israël, elle nous a été rendue effective par Jésus-Christ, au travers de sa mort et de sa résurrection, par laquelle nous sommes connectés à sa vie. L'obéissance que Dieu attend de nous n'est plus le résultat de nos propres efforts, mais le produit de notre attachement de cœur à sa personne et de notre dépendance de son Esprit habitant en nous.

L'obéissance à Dieu ne se résume pas à un principe. Elle se décline dans des disciplines et des pratiques énoncées ici. Elle se traduit par le fait premier de n'avoir dans sa vie qu'un seul et unique Dieu: l'Eternel! Quitter ce terrain-là, c'est inévitablement et immédiatement perdre la bénédiction de Dieu, source de l'abondance et du bonheur. Arrive en second, dans les disciplines évoquées, le devoir de transmission du témoignage et de la connaissance de la loi de Dieu aux générations qui suivent. Le devoir de transmission fait partie des éléments compris par Dieu dans l'exigence d'obéissance. Il y figure d'ailleurs en place de choix. Moïse conclut ce point conditionnel de l'obéissance en rappelant que la sécurité même d'Israël en Canaan en dépend. Certes, Canaan sera pour Israël son lieu de repos après les nombreuses tribulations qu'il aura connues. Mais ce repos sera un repos au milieu de tous les dangers et face à de multiples ennemis qui n'attendent qu'une chose: la preuve d'un signe de sa faiblesse pour le dépouiller.

Que les enseignements donnés par Moïse ici restent gravés dans nos cœurs! Comme Israël, notre force et notre sécurité spirituelle dans ce monde qui nous est hostile ne dépendent que d'une seule chose: notre degré d'obéissance pratique à

Dieu et sa Parole! Que ce principe guide tous nos choix et notre marche quotidienne!

Un choix radical: Deutéronome 11.26-32

C'est face à un choix sans ambiguïté que, terminant son discours, Moïse place tout Israël. Jusqu'à présent, Moïse n'est pas entré dans le détail de la signification pratique de l'obéissance à Dieu. Il en a posé les fondements spirituels: une priorité qu'épousera aussi l'apôtre Paul dans toutes ses lettres. Du point de vue du cœur, Israël sait désormais ce que Dieu attend de lui. Deux voies séparées, aux issues totalement contraires, s'ouvrent désormais devant les Israélites. La 1re, la voie de l'obéissance, est celle qui conduit à l'expérience de la plénitude et de la bénédiction promise par Dieu. La seconde, celle de la désobéissance, mène inéluctablement à la mort, la ruine, la perte de toutes les richesses voulues et préparées par Dieu, la malédiction.

Le choix radical devant lequel nous place en tout temps la Parole de Dieu n'est pas toujours de notre goût. Nous aimerions parfois qu'il y ait davantage de mesure et de nuances. Une telle éventualité est impossible sur le plan spirituel. Soit nous sommes avec Dieu ou séparés de lui. Nous sommes soit du côté de la lumière, soit de celui des ténèbres. Nous marchons selon la chair ou selon l'Esprit. Le mélange des genres sur le plan spirituel est impossible. Plutôt que de nous en plaindre, nous devons bénir Dieu qu'il en soit ainsi. Une telle exigence nous oblige à nous positionner, à faire un choix et à nous y tenir. Dieu sait à quel point la division, le déchirement de nos cœurs, tiraillé entre deux pôles, sont une souffrance. Ce qu'il désire, dans notre union avec lui, est l'unité de notre être. Qu'en Christ, elle s'accomplisse de plus en plus et de mieux en mieux!

Les principes définis, Moïse ordonne que les deux aspects de la loi de Dieu, bénédiction et malédiction, soient prononcés devant tout le peuple sur le mont Garizim et le mont Ebal. Cette séparation illustre celle qui existe de manière radicale entre la voie de l'obéissance et celle de la révolte. Que Dieu nous donne d'en saisir la portée et la réalité chaque jour!

Chapitre 12

Un seul lieu de culte: Deutéronome 12.1-14

Suivant l'ordre de priorité des commandements donnés par Dieu dans la loi, la première règle édictée par Moïse à tout Israël touche à la façon dont il est appelé à lui rendre un culte. La consigne de Moïse est claire et précise. Parce que le Dieu d'Israël est unique, le lieu où Israël le cherchera et l'adorera le sera également. Il n'agira pas à son égard comme les peuples qui occupaient Canaan avant lui. Leurs pratiques étaient à l'image de leur polythéisme: tout lieu élevé dans le pays pouvait être sacralisé et servir au culte rendu aux dieux de leur imagination. L'Eternel, le Dieu d'Israël, quant à lui, n'est pas multiple. Il est un. Il ne peut être ni décrit, ni imagé, ni représenté. Le culte qui lui est rendu doit, dans son expression, en être le reflet. Parce que l'Eternel, le Dieu d'Israël, se distingue de tout autre dieu, son culte se différencie aussi de tout autre. Il n'est pas d'abord l'affaire de l'homme, mais de Dieu qui, seul, en définit les contours: un lieu unique, ni image, ni statue, ni support visuel. L'approche de Dieu et son adoration se feront selon le protocole et les indications fournis par Dieu seul.

Alors que Jésus était sur terre, il lui fut demandé par la samaritaine quel était le lieu où Dieu devait être adoré. Etait-ce Jérusalem où se trouvait le temple, ou le mont Garizim où se rendaient les samaritains: Jean 4.20? La réponse de Jésus est significative. Avec sa venue, l'heure est là où la nécessité d'un lieu officiel fixe disparaît. Jésus lui-même est en quelque sorte le pied-à-terre de Dieu. Tout le message des Evangiles et du Nouveau

Testament va dans ce sens. A la nécessité d'un lieu fixe ordonné ici dans le Deutéronome, se substitue le témoignage donné par Dieu lui-même que c'est désormais par Jésus, son Fils, que les hommes doivent s'approcher de lui et l'adorer. De l'aveu même du Père, Jésus est son Fils unique et bien-aimé que les hommes doivent écouter: Luc 3.22; 9.35. Il est le chemin, la vérité et la vie. Dorénavant, nul ne peut venir au Père que par lui: Jean 14.6. Il n'y a, ajoutera Pierre, de salut en aucun autre, car, il n'y a sous le ciel aucun autre nom donné aux hommes par lequel ils doivent être sauvés: Actes 4.12. Paul, quant à lui, affirme: il y a un seul médiateur entre Dieu et les hommes, Jésus-Christ homme qui s'est donné pour tous: 1 Timothée 2.5. Jésus est celui par lequel l'entrée dans le sanctuaire de Dieu nous est ouverte: Hébreux 10.19-20. Nous pouvons par lui nous approcher de Dieu avec assurance: Hébreux 10.22 et, sans cesse, lui offrir un sacrifice de louange: Hébreux 13.15. N'en privons ni Dieu, ni nous-mêmes!

Modalités diverses liées au culte: Deutéronome 12.15-28

Si un seul lieu de culte était imposé à Israël, lieu dans lequel devait être offerts à Dieu la dîme de tous les produits de la terre, les sacrifices, les holocaustes et toutes les offrandes volontaires, la limite ne s'imposait pas pour les nécessités de la vie courante. Dans tous les lieux où les Israélites vivaient, ils pouvaient tuer du petit et du gros bétail pour en manger la viande. Pour autant, ces actes de la vie n'étaient pas déconnectés de la relation avec Dieu et de la vie cultuelle. Comme le dira aussi Paul plus tard, c'est notre vie entière, y compris dans les réalités les plus simples et les plus banales, qui doit honorer Dieu: Romains 12.1; 1 Corinthiens

10.31. Toujours dans le cadre du sujet du culte, Moïse prescrit plusieurs règles que les Israélites étaient tenus de suivre pour honorer Dieu et la sainteté de son nom:

* 1re règle: ne pas consommer le sang des animaux tués. Le sang est la vie et la vie est sacrée. Il doit être répandu sur la terre: Deutéronome 12.16, 23-24.
* 2e règle: dans la jouissance des biens que Dieu leur avait donné, les Israélites ne devaient jamais oublier les Lévites qui, consacrés au culte, n'avaient ni part, ni héritage au sein d'Israël. Il était du devoir de tous de pourvoir à leurs besoins: Deutéronome 12.19.

Les règles que Dieu impose et prescrit à Israël témoignent de sa volonté de ne pas compliquer et charger inutilement le peuple par des obligations. Tout est fait de manière à ce que chacun soit à l'aise: l'Eternel, dans ses rapports avec le peuple, et celui-ci, dans sa façon d'agir dans la vie courante. Que Dieu nous aide à avoir le même état d'esprit à l'égard de tout ce que nous codifions dans l'église!

Nouvel avertissement contre la tentation de l'idolâtrie: Deutéronome 12.29-31

Moïse conclut son enseignement sur le culte en réitérant à Israël sa mise en garde contre la tentation de l'idolâtrie. Le basculement du peuple vers l'idolâtrie est d'autant plus sournois qu'il ne s'opère pas d'un seul coup. Le premier pas qui y mène, prévient Moïse, est la curiosité, le désir d'Israël de s'informer de la manière dont les peuples qui occupaient le pays avant eux rendaient leurs cultes. Il y a des domaines pour lesquels le fait de s'informer et de vouloir connaître constitue déjà un péché. Ce à quoi le croyant doit se donner, c'est la connaissance de Dieu. La connaissance de Dieu est un domaine si vaste que, même s'il y consacre sa vie, il ne l'épuisera pas. Selon les paroles de Jésus, connaître Dieu est le programme suffisant des élus pour l'éternité: Jean 17.3. La connaissance de Dieu est le prisme au travers duquel nous sommes appelés à juger de la valeur de toutes choses. Tout ce qui, dans la somme d'informations dont nous disposons, nuit à la connaissance de Dieu ou la dessert doit sans concession et hésitation être rejeté. Ne croyons pas au mensonge selon lequel il nous est nécessaire de tout connaître pour tout comprendre. Qui connaît Dieu et son propre cœur en sait plus sur le monde et la réalité que celui qui s'adonne à de multiples sciences.

Que Dieu fasse de la connaissance de sa personne le moteur de notre vie, l'étalon au travers duquel nous mesurons toutes choses!

Chapitre 13

Si, dans un premier temps, c'est du contact avec les peuples environnants qu'Israël doit se prémunir de la tentation de l'idolâtrie, une autre source plus dangereuse peut, avec le temps, en devenir la cause. Du sein même d'Israël, prévient Moïse, peuvent jaillir des influences incitant le peuple à se détourner de Dieu pour se rallier à d'autres dieux. Pour en rendre conscient le peuple, Moïse évoque trois cas de figure différents et édicte la sentence qu'il convient d'appliquer pour chacun:

* 1er cas: celui de quelqu'un qui se dit prophète, dépositaire d'une vision ou d'un songe qui se réalise, tout en sollicitant le peuple à adhérer à d'autres dieux. A cause de l'apparence de vérité sous laquelle elle se présente, la séduction est ici particulièrement dangereuse. Les faits, le miracle ne confirment-ils pas la justesse, l'authenticité de la parole donnée? Quand bien même il en serait ainsi, c'est à la lumière de l'esprit dans lequel la parole donnée et le miracle accompli se sont produits, que doit se juger la nature de la source spirituelle qui en est l'origine. La pierre d'angle de la vérité est et restera pour toujours la conformité à la Parole de Dieu. Aussi devons-nous éprouver tout esprit pour voir s'il vient de Dieu ou non: 1 Jean 4.1-3. Quand même le diable imiterait les œuvres de Dieu, il ne peut et ne confessera jamais Jésus-Christ, Fils de Dieu, venu en chair!
* 2e cas: celui d'un très proche sur le plan affectif et relationnel qui, dans le cadre le plus privé et le plus intime, inciterait quelqu'un à abandonner Dieu pour se rallier à d'autres dieux. Toute aussi dangereuse, la séduction prend ici une autre voie. Elle sort du spirituel pour emprunter le chemin du cœur et

des sentiments. La réponse ordonnée par Moïse, comme celle donnée par Jésus plus tard: Luc 14.26, cette forme de tentation exige la radicalité la plus totale. Comme pour le prophète du cas précédent, le peuple ne doit faire preuve d'aucune pitié envers son auteur: la mise à mort est le seul châtiment convenable. Elle sera exécutée par lapidation, la main de l'accusateur étant la première à jeter la pierre contre l'accusé. Aucune enquête préliminaire n'est ici demandée. A cause des liens étroits qui unissaient les parties, l'accusateur et l'accusé, la douleur du premier est une preuve de fiabilité suffisante de l'accusation portée contre le second.

* 3e cas: celui d'une ville tout entière en Israël qui, sous l'influence de gens pervers, choisit de se détourner du culte rendu à l'Eternel pour en rendre un nouveau à d'autres dieux. La première démarche consistera à établir la véracité des faits. Ceux-ci reconnus, la même sentence que pour les cas précédents s'appliquera. Le peuple dans son entier se lèvera pour détruire la ville en question, ses habitants comme ses biens, sans pitié aucune. Non seulement la ville sera détruite, mais l'ordre est donné, en guise de témoignage pour les générations futures, qu'elle ne soit jamais reconstruite.

Nul doute qu'une telle sévérité, de la part du Dieu de la Bible, réputé Dieu d'amour, soit totalement incompréhensible pour l'homme de notre temps. Où est la tolérance, la liberté humaine, la largeur d'esprit? C'est faire fi de certaines réalités, sans lesquelles cette intransigeance ne serait effectivement que dureté! La première est qu'Israël, plus que tous les autres peuples, a vécu de manière pratique le fait que son Dieu est le seul et unique Dieu. La délivrance d'Egypte, qui est son acte de naissance, en est la démonstration. La seconde est que le salut d'Israël et l'héritage que représente Canaan pour lui ont pour objet d'apporter au monde ce témoignage. L'abandon de son Dieu par Israël est donc une trahison à son égard d'abord, puis à celui de la vocation à laquelle il a été appelé dans le monde. Le témoignage de Dieu n'est pas une option que l'on peut mettre en balance avec d'autres propositions. La vérité est une et ne tolère aucune concurrence. L'oubli de ce principe est le malheur premier de notre société malade de son relativisme obsessionnel.

L'avertissement de Moïse nous prévient du danger que représente la séduction lorsque sa source n'est pas externe, mais interne au peuple de Dieu. Jésus et les apôtres nous ont prévenus du caractère particulièrement insidieux de ce type d'action diabolique: Matthieu 7.15-20; Actes 20.29-31; 2 Corinthiens 11.3-4; 2 Pierre 2. Soyons donc particulièrement vigilants pour nous-mêmes et pour nos frères. Que l'amour de Dieu et la vérité du Saint-Esprit nous donnent d'être forts et fermes là et quand il le faut!

Chapitre 14

Avec ce chapitre, nous entrons de plain-pied dans la partie du livre qui a pour objet le comportement social du peuple de Dieu. L'apôtre Paul, qui a écrit de nombreuses lettres, a adopté le même schéma que celui suivi par Moïse. Tous les textes liés au comportement dans ses épîtres ne sont pas premiers, mais second. Ce qui vient en tête est la définition des fondements spirituels qui sont à la base du comportement. Ensuite seulement viennent les prescriptions liées à la conduite. Inverser ces rôles, c'est dénaturer la relation avec Dieu en la transformant en religion. Plus que nos actes, ce sont les motivations spirituelles qui nous animent qui comptent. Si l'amour pour Dieu et la volonté d'obéissance ne sont pas à la source de notre conduite, celle-ci sera peut-être juste sur le plan de la loi, mais sans valeur aux yeux de Dieu. La seconde partie du livre du Deutéronome (comme c'est le cas pour les lettres de Paul) est indissociable de la première. Que cet ordre soit aussi celui qui préside dans nos vies: notre relation et notre amour pour Dieu en premier, puis notre vie et notre marche concrète et pratique ensuite.

Les premières prescriptions énoncées touchent au respect du corps que Dieu nous a donné. Véhicule de notre être, le corps n'a en aucune manière à être méprisé ou dégradé. Il est la partie visible de notre être, celle qui, au premier regard, parle de nous. L'apôtre Paul rappelle ainsi que le premier acte du culte raisonnable que nous sommes appelés à rendre à Dieu consiste à lui offrir notre corps et nos membres comme un sacrifice saint, vivant qui lui soit agréable: Romains 12.1. Comme il en est de ses attitudes générales, le peuple de Dieu a à se différencier des autres groupes humains par la façon dont il traite son corps. Le corps, dit Paul, est le temple du Saint-Esprit: 1 Corinthiens 6.19. Il est appelé à refléter la dignité de l'hôte qu'il abrite, dans son apparence, comme dans l'utilisation de tous les organes qui le composent, en premier lieu le domaine sexuel: 1 Corinthiens 6.18.

Coutumes mortuaires proscrites: Deutéronome 14.1-2

La première prescription donnée par Moïse touche aux coutumes mortuaires qui avaient cours en Canaan. La mort, mystère insondable, était source de douleur et d'angoisse extrême. Pour l'exorciser, les peuples avaient adopté certaines pratiques qui, touchant au corps, l'avilissaient. Moïse enseigne le peuple de Dieu à ne pas suivre et imiter les coutumes païennes dans ce domaine. La mort n'est pas, pour le peuple de Dieu, un ennemi à vaincre. Il n'a pas à l'entourer d'un cérémonial qui lui donne le beau rôle. La sobriété et le témoignage de l'espérance qui habite le cœur du croyant doivent l'emporter sur le rite qui, souvent, témoigne quant à lui de la crainte que la mort inspire. Que Dieu, qui a ressuscité le corps de Jésus-Christ, nous donne, dans les moments de deuil, d'être ses témoins par les gestes que notre corps exprime!

Animaux purs et impurs: Deutéronome 14.3-21

Toujours liée au corps, la seconde partie de l'enseignement de Moïse porte sur la classification des animaux, entre purs et impurs, pour ce qui touche à leur consommation par les Israélites. Les raisons de cette distinction sont diverses. Elles portent aussi bien sur les mœurs des animaux (beaucoup de ceux qui sont considérés comme impurs sont des charognards), leurs habitudes de consommation que sur l'espèce à laquelle ils appartiennent (les reptiles, par exemple). Deux interdictions précises clôturent le sujet. Les Israélites ne devaient manger aucune bête morte. Chaque animal devait être vidé de son sang avant d'être consommé. Un chevreau ne devait pas être cuit dans le lait de sa mère. «Cette règle (qui figure trois fois dans le pentateuque: Exode 23.19; 34.26; Deutéronome 14.21) était destinée à protéger le peuple de l'intoxication si courante lorsqu'un plat de viande en sauce était impropre à la consommation. En outre, la valeur du calcium est annulée lorsqu'on mange ensemble les deux. C'est à partir de cette interdiction que les rabbins ont développé toute une réglementation pour éviter de consommer des laitages et de la viande au cours d'un même repas. (Source: Commentaire biblique du disciple: Ancien Testament).

Outre l'aspect diététique, la raison majeure de la classification ordonnée par Moïse tient à la nature même de la vocation du peuple de Dieu. Israël est appelé à être un peuple saint, séparé des autres peuples, consacré à l'Eternel. Il ne devait y avoir dans sa vie quotidienne et sociale rien qui heurte le regard et la perfection de Dieu. Les exigences ordonnées ici et plus tard témoignent de la haute idée que Dieu se fait du témoignage que son peuple est appelé à rendre à la gloire de son nom. Trop souvent, il nous arrive de penser que c'est de manière générale et dans les grandes lignes que notre vie doit être un témoignage à l'honneur de Dieu. Il nous faut nous détromper à ce sujet. Plus que les généralités, ce sont les détails de notre vie qui prouvent la profondeur de notre consécration à Dieu. Nous sommes face au monde qui nous entoure comme Israël l'était face à la diversité des viandes qui s'offraient à lui pour la consommation. Certaines choses qui sont dans le monde sont consommables. Elles n'ont en elle-même aucun caractère d'abomination face à Dieu. D'autres, au contraire, par leur nature, sont déjà impures. Il nous faut apprendre à discerner, dans tout ce qui nous est proposé, entre ce qui est préjudiciable et nuisible à notre santé morale et spirituelle et ce qui ne l'est pas. Des critères précis, en accord avec la nature de Dieu, doivent être suivis pour établir cette classification. Il nous faut discerner ce qui est nocif, mortel, ce qui relève du serpent, de l'abominable et le rejeter sans état d'âme.

Si les indications données ici par Moïse aux Israélites au sujet de la nourriture sont toujours bonnes à considérer sur le plan naturel, Jésus a nettement élevé le niveau du débat quant au sujet de la sainteté qui s'y rapporte. Focalisé sur le comportement, les juifs avaient oublié que, avant de venir de l'extérieur, ce qui souille l'homme est d'abord ce qui se trouve en lui: Marc 7.18-23. Le rappel nous est toujours nécessaire: avant celle des aliments, c'est la question du cœur qui, en priorité, doit être traitée pour que nous soyons purs!

Notons encore que la distinction entre animaux purs et impurs aura une portée spirituelle inattendue. C'est elle qui, à notre bénéfice, donnera à Pierre, au travers d'une vision déterminante, la liberté d'aller vers les païens, considérés comme impurs par les juifs, pour leur annoncer l'Evangile: Actes 10.9-20. Dieu a mille moyens d'utiliser sa Parole. Prenons garde cependant de ne la spiritualiser que dans les limites que lui-même nous indique. Il ne s'agit pas de lui faire dire ce que nous voulons entendre, mais bien ce qu'il veut exprimer à travers elle!

Au sujet de la dîme: Deutéronome 14.22-29

Pour une question d'ordre pratique, Moïse revient sur la question de la dîme que tout Israélite devait offrir chaque année à

Dieu dans le lieu qu'il aura choisi pour y faire résider son nom. Il est évident que, pour qu'une loi puisse être appliquée, il faut que ce qu'elle ordonne soit praticable. Or, il est indéniable que la pratique de la loi, telle que définie dans sa première formulation, pose de nombreuses difficultés. Pour ceux qui vivent à proximité du lieu choisi par Dieu, la loi ne pose aucun problème. Mais pour ceux qui y sont distants de dizaines, voire centaines, de kilomètres, sa mise en application pouvait se révéler un vrai casse-tête.

Moïse prescrit donc un aménagement pratique à la loi. Il sera possible, pour ceux qui sont éloignés, de ne pas emporter avec eux leur dîme. Animaux et fruits des récoltes resteront à la maison. Le pèlerin devra par contre se munir d'argent pour acheter sur place l'équivalent de ce qu'il devait apporter et l'offrir à Dieu. La loi et l'esprit de la loi seront ainsi respectés. L'accommodement prescrit ici par Moïse doit nous inciter à agir de même pour tout ce qui touche aux règles de fonctionnement de la vie de l'église. La première chose qui compte dans la règle, c'est le principe qu'elle défend. Le principe est le fondement et la raison d'être de la règle. Quelle que soit la réflexion menée sur la règle, le principe ne doit en aucun cas être amendé. Ce qui, par contre, peut être objet de variation, c'est la façon avec laquelle, selon les circonstances, la règle sera appliquée sur le plan pratique.

Un exemple peut être fourni avec la Cène. Le principe est que les croyants la pratiquent régulièrement pour se souvenir de la mort de Jésus pour eux. Les éléments ordonnés sont du pain et du jus de raisin (ou du vin). Ce qui est essentiel dans la Cène est à la fois le message qu'elle véhicule et le fait qu'elle est une ordonnance voulue par le Seigneur. Ces deux points sont intouchables. Selon les temps, les lieux et les circonstances, la mise en application de la Cène peut varier. Elle peut être prise souvent, moins souvent, avec les éléments prescrits ou d'autres. La règle est toujours bonne, mais nous devons aussi veiller à ce que son application soit la plus commode et la plus aisée possible pour tous. La lettre de la loi, bonne à respecter, ne doit jamais prendre le pas sur l'esprit qui en est la cause.

Il arrivera malheureusement que, par profit, l'aménagement de la loi prescrite ici par Moïse devienne source d'exploitation des acheteurs par les vendeurs. Jésus s'insurgera avec colère contre une telle déviation: Jean 2.13-17. Rien n'est pire, plus grave aux yeux de Dieu que d'utiliser sa loi pour voler et spolier ses fidèles. Gardons-nous comme de la peste de mêler l'idole de l'argent à notre service pour Dieu!

A propos de la dîme, Moïse prescrit enfin une obligation de solidarité de la part du peuple envers ceux qui n'ont pas le privilège d'être des propriétaires. Tous les 3 ans, il est ordonné de donner en partage au Lévite, à l'étranger, à l'orphelin et à la veuve le produit de ce qui, normalement, revient au Seigneur. Qui prête au pauvre prête à Dieu, suggère l'Ecriture: Psaume 41.1; Proverbes 21.13. Gardons-nous comme les pharisiens, sous prétexte de consécration à Dieu, de priver les nécessiteux qui nous entourent et envers qui nous avons des obligations, de notre soutien: Marc 7.9-13.

Que Dieu nous donne d'être, non seulement des auditeurs, mais des pratiquants de sa Parole!

Chapitre 15

Loi sur l'année de relâche: Deutéronome 15.1-18

En vertu de la grâce dont a été l'objet Israël de la part de Dieu, Moïse prescrit au peuple d'observer tous les sept ans une année de remise de dettes. Après la sainteté de Dieu, c'est ici sa bonté qui est la cause de cette prescription qui vise à régler un des aspects des rapports sociaux liant les membres du peuple de Dieu entre eux. Tel est le principe de la théocratie. La théocratie est un régime sous lequel les attributs de Dieu sont la base des concepts à partir desquels s'érigent les lois qui ont cours en son sein. Ses lois tiennent compte de tous les aspects du caractère de Dieu. Autant elles peuvent être radicales à cause de sa sainteté, autant elles sont empreintes de compassion à cause de sa grâce. Le régime théocratique est incontestablement, à cause de celui qui en est le point de référence, le meilleur mode de gouvernement qui puisse exister... mais aussi le plus terrible lorsqu'il est caricaturé. Il n'y a finalement dans le monde que deux modes de gouvernement possible. Soit les hommes décident eux-mêmes des lois qui régissent leurs rapports entre eux. Leur point de référence devient alors ce que veut et pense la majorité en fonction de l'évolution des mœurs et la pression des courants de pensée. Soit ils se réfèrent à Dieu, mètre étalon immuable des valeurs fondamentales régissant les lois sociales. Au sein d'un monde construit sur l'humanisme, l'Eglise est appelée à être le témoignage de la beauté d'une société humaine tout entière régie par la théocratie.

Justice, sainteté, mais aussi grâce et bonté, nous rappelle ce texte, doivent y prévaloir.

Reflet de la grâce et de la bonté de Dieu, l'année de remise de dette avait lieu tous les sept ans. Cette durée n'était pas le fait du hasard. Le sept rappelle le 7e jour de la création de Dieu, jour déclaré de repos: Genèse 2.3, rappelé dans la loi: Exode 20.8-11. La remise de dette avait un seul et unique objectif: permettre à celui qui était devenu pauvre, indigent et redevable aux autres à cause de ses erreurs de retrouver sa liberté. Elle était une mesure de grâce à l'état pur, destinée à soulager les personnes aliénées par leurs dettes et leur donner une seconde chance. La loi donnée par Moïse aborde différents cas de figure. Mais elle vise toujours le même but: l'intérêt premier des débiteurs. Cas de figure envisagés:

* 1er cas: celui de l'étranger et du membre du peuple de Dieu: Deutéronome 15.2-3. Ils ne sont pas mis sur le même rang. C'est entre frères que le devoir de remise de dette s'exerce. L'étranger n'y a pas droit. L'objectif clairement affiché est de ne pas appauvrir le peuple de Dieu. Ses pauvres sont libérés de leurs dettes, pas ceux des autres nations qui, cependant, doivent être secourus: Deutéronome 15.11.
* 2e cas: celui du frère qui devient pauvre et a besoin d'aide juste avant l'année de relâche: Deutéronome 15.9-10. Le prêteur le sait: il risque de ne pas être remboursé. Une telle considération ne doit pas entrer en ligne de compte. Le prêt doit être désintéressé et seulement motivé par l'amour.
* 3e cas: celui du frère devenu esclave à cause de sa dette et qui préfère rester dans cette condition, qu'il juge meilleure pour lui que la liberté: Deutéronome 15.16-18. Ordre est donné de ne pas la lui imposer. L'esclave par contrainte, devenu esclave

par amour et attachement à son maître, validera sa décision en se faisant percer l'oreille par un poinçon. L'oreille percée de l'esclave témoigne à la fois de son choix volontaire d'être dans cette condition, et de la bonté du maître à qui il appartient. C'est parmi de tels esclaves que Dieu aimerait nous compter: Esaïe 50.5-6; Romains 6.16-22.

Même s'il y aura toujours des pauvres à qui faire du bien dans le pays: Matthieu 26.11; Marc 14.7; Jean 12.8, il ne devrait, à cause de la bénédiction de Dieu sur son peuple, ne pas y en avoir en son sein. La pauvreté et l'indigence de membres du peuple de Dieu sont une honte pour la communauté, une réalité et un mal inacceptables: 1 Jean 3.16-18. C'est un outrage à l'amour dont Dieu a fait preuve envers nous jusqu'au sacrifice. Israël, comme l'Eglise, ne sont pas appelés à être un peuple d'assistés, mais de donateurs généreux, un peuple libre: Deutéronome 15.6. A cet effet, la loi précise que l'année de relâche ne se limite pas à l'affranchissement du frère devenu esclave à cause de ses dettes. Le propriétaire de l'esclave a l'obligation, en même temps qu'il le libère, de le doter d'un certain nombre de biens afin que son nouveau départ dans la liberté ne soit pas immédiatement plombé par la pauvreté, mais que l'affranchi ait en main les atouts suffisant pour réussir: Deutéronome 15.12-13. Quel que soit le niveau de misère dans lequel l'un d'eux est tombé, les Israélites devront toujours se souvenir que si Dieu ne les avait pas affranchis de l'Egypte, et s'ils n'étaient pas sortis du pays en dépouillant les égyptiens, aucun d'eux n'aurait pu goûter à la vie qu'ils connaîtront en Canaan: Deutéronome 15.14. La générosité de Dieu envers eux doit être la norme de référence de celle pratiquée entre eux!

Que Dieu nous donne envers nos frères la largesse de cœur dont il a fait preuve envers nous!

Loi sur les premiers-nés: Deutéronome 15.19-23

Le chapitre se termine par plusieurs précisions apportées à la loi qui touche à l'offrande à Dieu des premiers-nés du bétail des Israélites, en vertu du principe du rachat de leurs vies. L'animal offert à Dieu:

* devait l'être dans le lieu choisi par l'Eternel dans le pays pour y mettre son nom;
* ne devait avoir été utilisé pour aucun labeur; de plus, le rasoir ne devait pas avoir été passé sur lui: il devait être offert tel quel, sans avoir servi à l'homme pour aucun domaine;
* devait être en parfaite santé: il était impossible à Dieu d'agréer l'offrande d'un animal en mauvaise santé, difforme ou handicapé d'une manière ou d'une autre; le sacrifice imparfait ne pouvait être perçu par Dieu que comme un affront ou une marque de mépris à son encontre: cf. Malachie 1.6-8; si tel était le cas pour le premier-né d'un troupeau, il y avait alors dérogation: la bête n'est pas offerte à Dieu, mais consommée selon les règles de la loi (sans le sang) et partagée entre les membres de la communauté.

Béni soit Dieu pour sa grande pédagogie. Après avoir posé d'abord le cadre de ses lois, petit à petit il entre dans le détail de son application. Il agit de même avec nous. Dieu ne donne jamais d'ordre sans nous donner, au fur et à mesure du temps, les précisions et les indications pratiques permettant de nous y soumettre en fonction des circonstances. C'est une joie et un vrai bonheur de travailler avec Dieu, à la fois si grand maître et pédagogue!

Chapitre 16

Si les attitudes de cœur sont déterminantes dans notre relation avec Dieu, il ne faut pas pour autant sous-estimer ce qui est formel. Tout le cheminement d'Israël dans le désert, à sa sortie d'Egypte en témoigne: le peuple de Dieu a une propension incroyable à l'ingratitude et à l'oubli. La mer Rouge à peine refermée sur l'armée du pharaon, il doute déjà de Dieu et murmure à la première difficulté venue: Exode 15.22-26. Les choses étant ainsi, des mesures pratiques, destinées à conserver intact le souvenir des hauts faits de Dieu pour Israël, vont être ordonnées de la part de Dieu. Elles sont énoncées ici. Chaque année, le peuple de Dieu en entier était invité à se rassembler pour célébrer trois fêtes: la fête de la Pâque, la fête des semaines et la fête des tentes. Les trois fêtes ont un lien direct avec le vécu et l'histoire glorieuse d'Israël avec Dieu. Elles sont là pour dire, rappeler et perpétuer pour toutes les générations tout ce qu'Israël, peuple de Dieu, lui doit en tant que nation. Pour Israël, comme pour l'Eglise de Jésus-Christ, une telle ordonnance est à la fois bonne et nécessaire. Par leur caractère obligatoire et régulier, les fêtes imposent à la mémoire de conserver le souvenir de ce qu'elles représentent. Ne négligeons donc pas dans notre vie cultuelle communautaire leur valeur!

La fête de la Pâque: Deutéronome 16.1-8

C'est la 1re en toutes choses: le calendrier, la primauté, l'ordre des hauts faits de Dieu qu'elle célèbre. Par la fête de la Pâque, Israël est appelé à se souvenir du plus beau jour de son histoire: le jour où l'Eternel, par sa puissance, l'a fait sortir d'Egypte. Moïse rappelle ici à tout le peuple les circonstances dans lesquelles cette délivrance s'est produite: il faisait nuit et c'est dans la hâte, en ne prenant que le nécessaire, qu'Israël a fui le pays. Le but de la fête ne se limite pas à célébrer l'événement. Au travers de la forme, il a aussi pour objet d'en conserver l'esprit. Pour se faire, ordre est donné à Israël pendant les sept jours de la fête de proscrire totalement le levain. Quiconque a déjà fait du pain le sait. La partie la plus longue, celle qui nécessite le plus de temps pour sa fabrication, est ce moment où la pâte doit lever. Le pain doit alors rester immobile, n'être ni bougé, ni transporté: une exigence incompatible avec un mouvement imposé par l'urgence.

Comme il en a été pour Israël, la proscription du levain est un principe qui s'applique aussi à la vie chrétienne. Au moment où le Christ appelle, c'est immédiatement qu'il faut répondre, se lever et quitter le lieu où l'on se trouve. Tout retard, tout délai que l'on se donne, tout «plus tard» risquent de se changer en «trop tard». Le levain n'est pas seulement le symbole de la nonchalance ou du peu d'empressement que l'on met à obéir à Dieu ou répondre à son appel. Il est aussi, dans l'Ecriture, l'image du péché que l'on entretient et que l'on n'est pas pressé de quitter: 1 Corinthiens 5.6-8. Paul le rappelle ici: le levain n'a pas besoin d'être présent en grande quantité pour pénétrer toute la pâte et la faire lever. Il en est ainsi aussi pour nos vies. Le mal, dans la vie d'un chrétien, se développe rarement de manière brutale et massive. Il n'est au départ présent que de manière infime. C'est cette mauvaise habitude, ce penchant qu'on entretient sans le combattre. Petit à petit, il prend de l'ampleur. On s'en aperçoit bien, mais on ne réagit toujours pas avec la vigueur qu'exigerait le traitement pour l'éradiquer. Il se développe alors pour finir, comme le levain, à intoxiquer tout l'être. «Semer une pensée et vous récolterez un acte. Semer un acte et vous récolterez une habitude. Semer une habitude et vous récolterez un caractère pour l'éternité.» Que Dieu nous donne la rigueur de Christ pour faire de nos vies des offrandes de pain sans levain!

Trois autres prescriptions sont ici ajoutées, au sujet de la fête de la Pâque, à la proscription totale du levain. La Pâque devait être mangée dans le lieu que l'Eternel a choisi pour y mettre son nom. Aucune des parties de la victime offerte chaque soir des sept jours ne devait rester jusqu'au matin. Le dernier jour, une assemblée solennelle réunissant tout le peuple devait clore la fête. La fête de la Pâque devait marquer les esprits de telle manière que, même sans avoir vécu de manière personnelle les faits qui s'y rapportent, chacun des participants soit en mesure de les expérimenter par procuration. Que Dieu nous donne dans nos fêtes de célébrer le souvenir de ses hauts faits avec toute la rigueur et la profondeur qui conviennent!

La fête des semaines: Deutéronome 16.9-12

Après la fête de la Pâque, la fête des semaines est la seconde du calendrier des fêtes instituées en l'honneur de l'Eternel. Si le pain d'affliction devait être mangé lors de la fête de la Pâque, la tonalité dominante de la fête des semaines était la joie. Israël tout entier était appelé à y participer. Aucun des habitants du pays, pauvre, étranger, Lévite, orphelin ou veuve ne devait en être exclu. Si la fête de la Pâque rappelait le départ précipité d'Egypte, la fête des semaines avait pour but de célébrer la bénédiction reçue dans le pays promis. C'était une fête des prémices, une «pentecôte» qui avait lieu sept semaines après le début de la moisson, moment où les premiers épis étaient coupés dans les champs.

Fêtes juives à l'origine, la Pâque et la Pentecôte ont leur correspondance dans le calendrier chrétien. L'une est inséparable de l'autre. Alors que Pâques nous rappelle «le grain de blé tombé en terre pour mourir: Jean 12.24», Pentecôte célèbre les prémices de la moisson future issue de cette mort: Actes 2.32-33. Pentecôte est la manifestation du principe toujours en vigueur selon lequel là où la mort agit pour le salut, la vie en est toujours le résultat: cf. 2 Corinthiens 4.12. Devenu une même plante avec Christ dans la conformité à sa mort, nous le sommes aussi dans sa résurrection: Romains 6.5. Que pour notre joie et celle des autres, Pâques et Pentecôte restent toujours le principe actif au travers duquel la vie de Christ se répand en nous, par nous et autour de nous!

La fête des tentes: Deutéronome 16.13-15

Troisième dans l'ordre, la fête des tentes (ou cabanes ou huttes) clôt le calendrier annuel des fêtes instituées pour célébrer les bontés de l'Eternel pour son peuple. Après les prémices, cette fête des récoltes est la conclusion logique du processus festif. La joie proportionnée à la bénédiction reçue lors de la fête des semaines est appelée ici à s'exprimer sans réserve par tous les occupants du pays. C'est la fête de la récolte de la moisson, fruit conjoint du travail des mains de chacun et de la bénédiction de Dieu.

Si Pâques et Pentecôte ont déjà eu lieu dans le champ chrétien, la fête des tentes est encore à venir. Elle se produira au jour du retour de Christ, jour où les anges de Dieu seront envoyés sur terre pour récolter le fruit du témoignage qui lui aura été rendu dans le monde par l'Eglise: Matthieu 13.39, 47-50. Pour tout le peuple de Dieu, ce jour sera un jour de joie immense. Ceux qui, auparavant, avaient semé avec larmes, reviendront avec des cris de joie en portant leurs gerbes: Psaume 126.6. Dans la vie agricole comme dans le domaine spirituel, le principe est le même. Le travail, la peine, l'engagement dans la foi précèdent toujours la récompense et la joie: 2 Timothée 2.6-7. Qui veut avoir part à la joie de la récolte divine à la fin des temps doit ici-bas participer à l'effort que représente l'ensemencement! Que Dieu renouvelle dans nos cœurs la vision finale du sens de chacun de nos efforts!

Obligations: Deutéronome 16.16-17

Si tout le peuple était convié aux trois fêtes qui rythmaient le calendrier cultuel juif, un devoir d'obligation de présence était imposé à tous les hommes. Les hommes étaient à la fois chefs de clans, de tribus et de familles. Leur présence aux fêtes instituées en l'honneur de l'Eternel était signe d'engagement de tout le peuple à s'attacher à Dieu et à lui rendre grâces pour tous les bienfaits reçus au travers de l'alliance. Pour se faire, il était aussi exigé que personne ne vienne à la fête les mains vides. L'offrande faite à Dieu ici n'était pas un sacrifice. Elle n'était que l'expression de la gratitude de chacun pour les dons et les bienfaits reçus de sa main. Ne rien apporter à Dieu de vos mains revenait à nier avoir reçu quelque chose de la sienne, un affront pire peut-être que celui de Caïn en son temps: Genèse 4.3.

Comment vivons-nous la reconnaissance envers Dieu? Sommes-nous, en tant que chef de famille ou responsable d'église, des modèles à imiter? Avec quoi nous présentons-nous devant Dieu? Avons-nous le souci de lui rendre l'honneur, la gloire et la reconnaissance qui lui sont dus? Quelle place occupe les fêtes commémoratives des hauts faits de Dieu dans notre vie personnelle et communautaire?

Institution des juges: Deutéronome 16.18-20

Si Israël était appelé à être une théocratie, un régime fondé sur la loi de Dieu, il n'était pas appelé à être dirigé par un seul homme. Au cours de l'exode déjà, Moïse, sur le conseil avisé de son beau-père Jéthro, avait allégé la charge qui pesait sur ses épaules pour la répartir sur celles de plusieurs, chargés de régler les litiges mettant en opposition des membres du peuple: Exode 18.13-26. Ce principe de fonctionnement par délégation est ici institué de façon formelle. Dans chaque ville, ordre est donné de désigner des juges et des secrétaires qui, assis aux portes des villes, se tiendront à la disposition de tous pour l'exercice de la justice. Trois interdits majeurs leur sont imposés pour garantir la parfaite équité des jugements rendus:

* 1er interdit: ne pas porter atteinte au droit. La loi était l'autorité à partir de laquelle tous les verdicts prononcés devaient être prononcés. Il n'y avait aucune place, dans les décisions prises, à des considérations émotionnelles ou subjectives. Le caractère objectif de la loi de Dieu pouvait seul garantir l'équité et la justesse des sentences édictées.
* 2e interdit: refuser toute partialité. Que les justiciables soient riches ou pauvres, gens de peu ou de grande importance ne devaient en aucun cas influer sur la décision des juges. Les juges devaient être à l'image de Dieu, le Juge, insensible au favoritisme: Deutéronome 10.17; Actes 10.34; Romains 2.11; Galates 2.6. Le caractère impartial des juges était la seconde condition de garantie de l'équité et de la justesse des verdicts prononcés.
* 3e interdit: le refus de tout enrichissement personnel. C'est ici peut-être l'interdit le plus appuyé ordonné aux juges. Rien ne corrompt davantage le siège de la justice que l'argent et les

pots-de-vin. Pour être à la hauteur de leurs tâches, les juges du peuple devaient être réputés impossible à acheter. Le caractère incorruptible des juges est la 3e condition de garantie de la totale équité et de la justesse des jugements émis.

Le temps qui passe ne rend en rien caduque les qualités exigées ici dans la loi de Dieu. Quiconque exerce une autorité morale sur les autres doit continuellement s'en inspirer et y revenir pour évaluer le niveau d'intégrité qui est le sien. Que Dieu nous délivre de toute faiblesse dans la recherche et l'application de la justice!

Le culte: Deutéronome 16.21-22

Le chapitre se termine par deux interdits relatifs au culte, qui introduisent le thème traité dans le chapitre suivant. Appelé à être le peuple du Dieu unique, Israël se voit signifier la prohibition de toute forme d'idolâtrie. Celle-ci ne consiste pas seulement à le substituer par un autre dieu. Etre idolâtre, c'est aussi lui associer une idole. L'Eternel l'affirmera: non seulement il est le Dieu unique, mais il n'y a pas de dieu à côté de lui: Deutéronome 32.39. Lorsqu'il conduisit Israël et prit soin de lui, aucun dieu étranger ne lui était associé: Deutéronome 32.12. Tout ce qu'il a fait pour Israël, il l'a fait seul. C'est donc à lui seul qu'ils doivent rendre gloire! De même, comme Moïse l'a déjà dit, les Israélites ne virent aucune figure lorsque Dieu s'adressa à eux. Ils n'entendirent qu'une voix: Deutéronome 4.12. Le culte que le peuple de Dieu est appelé à lui rendre doit être conforme à la révélation qu'il a reçu de lui. Dieu ne peut être associé à qui que ce soit, car il est un Dieu unique. Dieu ne peut être représenté par quoi que ce soit, car aucune image n'est en mesure de le décrire! Aller au-delà de ce que Dieu a révélé de lui-même, c'est inévitablement verser dans l'idolâtrie!

Chapitre 17

Les juges installés, la loi édictée, se pose désormais la question de savoir de quelle manière le mal doit être traité en Israël. Cette question, comme toutes les autres, fait partie d'un ensemble. Elle est inséparable du statut et de l'identité particulière que Dieu a donné à Israël, un peuple qui lui appartient. Selon le régime sous lequel on se trouve, démocratie ou théocratie, il est évident que la perception que l'on a de ce qui est mal est différente. Ce qui relève de la liberté d'opinion et de culte dans une démocratie devient, dans une théocratie, affront et outrage envers Dieu. Alors que dans une démocratie, les plus graves délits portent sur les préjudices que l'on occasionne à son prochain, dans une théocratie ils touchent à ce qui porte atteinte à la dignité et à l'honneur de Dieu. L'évaluation de la gravité d'un mal est ainsi toujours liée à la valeur ultime à laquelle se réfère un peuple.

La primauté de Dieu, sa dignité et le respect de sa sainteté étant le point de référence ultime par lequel doivent être pesées toutes choses en Israël, le caractère radical des sanctions ordonnées contre le mal et la formulation de ce que ce mot englobe ne doivent pas nous étonner. Parce que Dieu est Dieu, le mal le plus grave qui puisse s'introduire parmi son peuple est l'idolâtrie, la recherche auprès d'autres dieux de la sécurité que seul Dieu peut offrir. Quiconque s'y livre ne peut être que sanctionner de la plus extrême des façons: la mort. Notons ici que la peine de mort prononcée contre l'idolâtre n'a pas seulement comme objet de châtier le coupable, mais encore de protéger le peuple contre l'intrusion d'un mal qui finirait par le détruire. La peine de mort a pour objet d'ôter le mal du milieu d'Israël, formule présente de multiples fois dans le livre et servant de justification suffisante à son décret: Deutéronome 13.6-10; 17.7, 12; 19.10-11; 21.21; 22.21-22, 24; 24.7.

La décision de châtier un membre du peuple de Dieu par la peine de mort ne devait pas être prise à la légère. Une enquête sérieuse devait être menée afin d'établir les faits avec certitude. Un seul témoin ne pouvait suffire à condamner une personne. Une concordance de preuves et de témoignages était nécessaire pour valider l'accusation. L'exécution de la sentence ne devait pas se faire en catimini. Tout le peuple, unanime, devait participer à la mise à mort du coupable par lapidation, à commencer par les accusateurs. La procédure en appelait ainsi à l'examen et à la responsabilité de chacun et de tous devant Dieu face au délit jugé.

Même si la grâce est venue par Jésus-Christ: Jean 1.17, il n'en demeure pas moins vrai aujourd'hui que le péché appelle la même sentence qu'au temps de Moïse. Le salaire du péché, c'est la mort: Romains 6.23. L'éradication radicale du mal est toujours d'actualité, dans la vie personnelle du chrétien comme dans la communauté. Oter le méchant du milieu des justes est vital pour le témoignage et la bonne santé de l'église: 1 Corinthiens 5.1-5, 9-13. La sentence n'est peut-être plus la mise à mort, mais elle peut aller, si nécessaire, jusqu'à l'exclusion de la communion fraternelle. Le peuple de Dieu, certes, ne lapide plus les rebelles en son sein; mais il les prive de la protection spirituelle de la communauté pour les livrer sans défense à Satan qui a, lui, le pouvoir de la mort: 1 Corinthiens 5.5. Que Dieu nous donne d'être un peuple digne et saint pour lui!

Cas de litiges difficiles: Deutéronome 17.8-13

Il se peut que, dans une ville d'Israël, le cas sur lequel devrait se prononcer l'instance judiciaire locale la dépasse ou prête à contestation. L'instance locale ayant atteint ses limites, Moïse prescrit que le cas en question soit porté devant une autre cour, celle du juge de la nation établi dans le lieu choisi par le Seigneur pour y mettre son nom. Juges et prêtres examineront alors ensemble le litige et se prononceront. Tout arrêt rendu ici sera exécutoire. Il ne pourra être ni sujet à appel, ni porté devant une autre cour, celle-ci représentant l'instance suprême de la nation en matière de justice. Tout refus d'obtempérer ou de se soumettre à la sentence rendue, de la part d'un justiciable, se traduira par la peine de mort. La sévérité de la sanction n'a pas seulement une valeur punitive, mais didactique et dissuasive pour le reste de la communauté. Etre permissif, indulgent, tolérant avec le mal, en particulier l'arrogance, dans une société n'a jamais servi à son éradication. En aucun cas donc, l'autorité, à quelque niveau qu'elle se situe, ne doit se montrer défaillante. Car, rappelle Paul, ce n'est pas pour rien qu'elle porte l'épée. Elle le fait au service de Dieu pour le bien de tous et la justice, comme expression de sa colère contre celui qui fait le mal: Romains 13.1-5. Craignons donc les autorités et soumettons-nous à elles, car c'est de Dieu qu'elles viennent et qu'elles tiennent la légitimité de leur mandat!

Qui que nous soyons, nul ne peut prétendre, au poste où il se trouve, être suffisant pour juger de tout avec la sagesse et les compétences requises. Aussi toute autorité doit à la fois connaître ses limites et savoir à qui elle peut faire appel lorsque le cas auquel elle est confrontée dépasse ses compétences. L'organisation hiérarchique du pouvoir par niveaux n'est pas une menace, mais une protection. Elle permet à chacun d'éviter les situations de blocage tout en préservant l'autorité qu'il possède là où il se situe. Seule la folie d'un homme peut l'amener à penser qu'il suffit à tout. Le salut pour chacun se situe dans la soumission réciproque et le grand nombre de conseillers: Proverbes 15.22.

Charte de bonne conduite du roi: Deutéronome 17.14-20

Anticipant l'avenir, l'Eternel communique à Moïse la charte de bonne conduite à laquelle devront se soumettre les futurs rois d'Israël. Si la royauté est ici envisagée, le texte sous-entend fortement que ce mode de gouvernement n'est pas l'idéal de Dieu pour Israël. C'est, comme l'histoire le confirmera, par désir d'imitation des autres peuples qu'Israël en viendra, au grand déplaisir du juge et prophète Samuel, à réclamer d'être conduit par un roi: 1 Samuel 8.5. L'aspiration à se conformer aux autres peuples n'est cependant qu'un côté de la vérité, celui qui répond au côté pragmatique et humain de la chose. Il cache une autre réalité beaucoup plus sombre qui n'échappe pas à Dieu. En désirant être conduit par un roi comme toutes les autres nations, Israël rejette le privilège qui, en tant que peuple de Dieu, le distingue de tous les autres: celui d'avoir Dieu lui-même comme Roi. L'Eternel, qui sonde et connaît les cœurs, n'en est pas dupe: 1 Samuel 8.7.

La façon avec laquelle le régime de la royauté humaine s'installera en Israël témoigne de la capacité presque illimitée qu'a le cœur humain de se mentir à lui-même. La raison du mensonge est toujours la même. Le mensonge est un masque que l'on pose sur notre visage pour en dissimuler la laideur et en rendre acceptable la vue au-dehors. Le mensonge témoigne de notre refus d'appeler en nous les choses par leur nom. Il se traduit par le vernis dont nous les couvrons pour leur donner un aspect, une présentation qui les justifie. Méfions-nous des bonnes raisons humaines que nous donnons aux choses ou aux choix que nous faisons. Elles sont souvent la façon polie que nous empruntons pour ne pas assumer de façon directe notre révolte à l'égard de Dieu.

Le désir d'Israël d'avoir un roi comme les autres peuples se répétera dans l'Eglise. Délaissant l'autorité de Dieu et de sa Parole, elle se donnera elle aussi un chef, le pape. La perspective de la royauté inévitable, Dieu, «bon prince», va tout faire pour que son exercice se fasse de la manière la plus bénéfique pour le peuple et la plus conforme à sa conception. Cinq consignes précises sont ici données au roi, servant de cadre moral devant guider son choix et son action. Samuel, qui les connaissait, ne se fera pas d'illusion sur la capacité des futurs rois à s'y tenir. Israël ne voulait voir que les avantages de la royauté. Il leur en présentera, à cause de la nature humaine du roi, les inconvénients inévitables: 1 Samuel 8.10-18.

Comme il en est pour chaque fonction spirituelle (prophète, serviteur, apôtre...), Dieu a une idée précise de ce qui en est l'exercice idéal. La fonction de roi n'y échappe pas. Il y aura, dans la suite de l'histoire d'Israël, des rois agréés par Dieu et d'autres, nombreux, qui lui seront désagréables. Sous la plume de Moïse, Dieu énumère ici les six obligations qui feront des rois qui s'y soumettront des souverains agréés:

* 1re obligation: le roi ne sera pas choisi de manière démocratique. C'est Dieu lui-même qui désignera qui il a choisi et préparé pour exercer cette fonction. La procédure sera suivie au moins pour les trois premiers rois: Saül: 1 Samuel 9.15-16, David: 1 Samuel 16.10-13, et Salomon: 2 Samuel 7.12; 1 Rois 1.13. La division d'Israël en deux royaumes distincts après Salomon va mettre un terme à la procédure.
* 2e obligation: le roi ne devait pas être pris parmi les étrangers habitant Israël, mais du milieu des frères du peuple de Dieu.

La précision relève du bon sens. Abandonnant l'Eternel pour servir les dieux des peuples environnants et contracter par mariage des alliances avec eux, le temps viendra où elle prendra tout son sens. La prescription donnée ici par Dieu à Moïse sera transgressée dans l'histoire de deux manières: par le fait qu'un jour une femme seule occupera le trône de la royauté: Athalie: 2 Rois 11.1-3, et qu'une femme étrangère, Jézabel, mariée à un roi faible, Achab, marquera de son empreinte l'histoire tragique du peuple de Dieu: 1 Rois 16.31; 18.4.
* 3e obligation: elle comporte deux volets. 1er volet: le roi ne devait pas chercher à se pourvoir d'un grand nombre de chevaux lui servant à asseoir sa puissance militaire. Comme il en est encore aujourd'hui, un seul et même principe permettait aux peuples du temps de Moïse d'évaluer leur force les uns par rapport aux autres: la puissance de leur armée. Cette puissance ne se mesurait pas au seul nombre d'hommes, mais encore à l'équipement dont elle était dotée, trousseau dans lequel le cheval occupait la place prépondérante. Ayant l'Eternel pour appui, il est demandé au roi, dans la recherche de sécurité qu'il est sensé procurer à son peuple, de démontrer sa confiance en Dieu en refusant d'entrer dans la course folle des autres peuples en la matière. Dieu, en effet, n'a pas besoin des jambes du cheval pour assurer le salut d'Israël. Ce n'est pas en elles, ni en sa vigueur qu'il se complaît: Psaume 20.8; 33.17; 147.10; Proverbes 21.31. Dans les guerres inévitables qu'Israël allait devoir mener, il ne devait pas craindre la force militaire des autres, mais, à travers sa foi, être l'outil de Dieu démontrant qui il est à la vue de tous les peuples: Deutéronome 20.1. Lui seul, et non la puissance militaire, doit être la force de dissuasion d'Israël.

Bien qu'ici clairement formulé, le principe n'était pas nouveau pour Israël. Pour leur sortie d'Egypte déjà, il était celui qui avait été mis en vigueur. Malgré le grand nombre de ses chevaux, le pharaon n'avait rien pu faire contre la puissance de Dieu. Le cheval et son cavalier avaient péri dans la mer et Israël, à pied, avait été sauvé: Exode 15.19; Hébreux 11.29. Après le recours limité au cheval comme moyen d'assurer la défense du pays, le 2e volet de l'obligation interdit au roi tout retour en Egypte pour s'en procurer. Les bonnes choses de l'Egypte ne sont pas meilleures que les mauvaises pour Israël. Toutes sont antinomiques à la foi en Dieu. Israël n'a pas quitté l'esclavage de l'Egypte pour y retourner y faire du commerce. Des siècles plus tard, l'interdit est toujours d'actualité: Esaïe 31.1-3.

Il est à noter dans l'histoire d'Israël que c'est au moment où le roi Salomon a transgressé l'ordre explicite de Dieu formulé ici que le déclin de la nation a commencé: 2 Chroniques 9.25-28. L'Israël actuel, suréquipé sur le plan militaire, ferait bien de s'en inspirer. En aucune manière, son salut final ne viendra «des chevaux de l'Egypte», la puissance militaire technique et humaine, mais de Dieu: Esaïe 31.5, 9.

* 4e obligation: le roi devait s'abstenir de prendre pour lui de nombreuses femmes. Le danger prévenu ici n'était pas d'ordre rationnel, mais sentimental. Inévitablement, le cœur du roi, aussi sage et fort soit-il, ne pouvait à long terme résister au pouvoir d'influence que ses nombreuses femmes allaient exercer sur lui. Une femme dans la vie d'un homme est davantage qu'une conseillère. Elle possède une part de son cœur. Nul autre ne peut autant qu'elle influencer et fléchir ses décisions dans le sens qu'elle désire. Il n'a suffi que d'Eve pour faire basculer l'innocent Adam dans la désobéissance à Dieu: Genèse 3.6, ou

de Sara pour amener Abraham à prendre, contre la promesse de Dieu, sa servante Agar pour obtenir un fils: Genèse 16.1-3. C'est uniquement parce qu'il ne suivit pas à la lettre l'obligation prescrite ici que Salomon, supérieur en sagesse à tous les rois, chuta lamentablement à la fin de sa vie dans l'idolâtrie: 1 Rois 11.1-10. Le pouvoir d'influence de ses centaines de concubines finit par avoir raison de la fermeté de son cœur devenu plus conciliant dans sa vieillesse.

* 5e obligation: le roi devait veiller à ne pas accumuler pour lui de grandes richesses. L'amour de l'argent, aussi sûrement que celui des femmes, ne pouvait à terme que détourner le cœur du roi de son allégeance à Dieu, comme source de force et de puissance. «Personne, a dit Jésus, ne peut servir deux maîtres, car ou il détestera le premier et aimera le second, ou il s'attachera au premier et méprisera le second. Vous ne pouvez pas servir Dieu et l'argent: Matthieu 6.24.» De toutes les idoles existant sur terre, l'Argent est la seule que Jésus personnifia et plaça en concurrence directe avec Dieu. La raison en est que, comme Dieu, l'Argent ne peut se contenter d'une place secondaire dans le cœur de l'homme. Ou il est dieu, ou il n'est rien. Ses prétentions, comme les qualités que ses adorateurs lui prêtent (toute-puissance, sécurité, assurance tous risques...), le démontrent.

Que Dieu nous aide à garder nos cœurs plus que toute autre chose. Car de lui viennent les sources de la vie: Proverbes 4.23.

* 6e obligation: elle est double et concerne la relation du roi avec la Parole de Dieu. La première obligation à laquelle est soumis le roi consiste à recopier de sa propre main la loi de Dieu pour l'avoir avec lui. En recopiant la loi, le roi fait plus que de simplement la lire. Il la fait sienne en entrant dans une

relation quasi physique avec elle. Ayant recopié la loi, le roi a ensuite l'obligation de la prendre avec lui chaque jour partout où il ira pour la lire. Comme il en est pour chaque enfant de Dieu, le roi ne pouvait se satisfaire de connaître la loi de Dieu de manière générale. Il devait la méditer et s'en imprégner de telle manière qu'elle conditionne sa façon de penser et ses décisions. Le roi était roi et souverain sur son peuple, mais pas sur sa propre vie. Tout roi qu'il était, il ne devait considérer sa fonction qu'en lien avec le dessein de Dieu pour son peuple. Plus que tout autre, il était de son devoir de maintenir une relation vivante avec lui par le biais de la connaissance et de la méditation de sa loi.

Ce principe auquel devait se soumettre le roi s'applique aussi à tout homme exerçant une responsabilité morale et spirituelle sur les autres. Plus notre pouvoir d'influence est important, plus celui de la Parole de Dieu doit l'être sur nos vies. Cette mainmise de la Parole de Dieu sur le cœur et la pensée du roi n'avait pas pour seul objet de l'équiper pour sa fonction. Elle avait pour but premier de le garder de lui-même, de l'orgueil inhérent à l'exercice du pouvoir. Malgré son élévation, le roi ne devait jamais perdre de vue qu'aux yeux de Dieu il était un Israélite parmi d'autres. Et cette façon de se considérer, seule la Parole de Dieu était en mesure de la lui donner. Que cette Parole, ô Dieu, avec toute sa richesse, habite en chacun de nous abondamment!

De tous ceux qui, dans l'histoire, porteront le titre de roi d'Israël, un seul remplira pleinement et de façon permanente les six obligations divines imposées par la loi: Jésus-Christ. C'est à lui seul que doit aller l'allégeance du peuple de Dieu.

Chapitre 18

Ordonnance en faveur de la tribu de Lévi: Deutéronome 18.1-8

De toutes les tribus d'Israël, Lévi, à cause de la fonction qui lui a été réservée par Dieu, est la seule à jouir d'un statut particulier. Appelée au service du culte, elle n'a ni part, ni héritage terrestre en Israël. Au service de Dieu, son mode de vie reflétera à la fois sa consécration à Dieu et sa dépendance envers lui. Lévi n'a peut-être ni bien propre, ni patrimoine mais a ce que nulle autre tribu ne possède: l'Eternel lui-même comme héritage. C'est donc des offrandes volontaires faites par tout le peuple à Dieu que la tribu de Lévi tirera sa subsistance.

La vulnérabilité humaine de la tribu de Lévi étant plus grande que toutes les autres, Dieu estima nécessaire de l'entourer d'une ordonnance particulière. Trois prescriptions pratiques la composent:

* 1re prescription: elle définit, dans les sacrifices offerts, la part qui revient de droit aux prêtres en service: l'épaule, la mâchoire et l'estomac. Une telle prescription a le mérite de clarifier les choses. Elle libère les prêtres d'un choix arbitraire tout en leur imposant des limites précises quant à l'exercice de leurs droits. Le but de la prescription est de faciliter la vie du prêtre tout en le protégeant des abus auxquels pourrait l'entraîner sa position. Elle n'empêchera malheureusement pas certains dans l'histoire d'y contrevenir: 1 Samuel 2.12-17.

* 2e prescription: elle commande au peuple de donner aux Lévites les prémices de tous leurs revenus: récoltes de blé, de laine, de moût ou d'huile... Donner la priorité aux Lévites dans les revenus de leur patrimoine était le moyen signifié par Dieu aux Israélites pour l'honorer de manière pratique. L'ordonnance ne perdra jamais de son actualité avec le temps: Ezéchiel 44.30; 1 Corinthiens 16.2.

* 3e prescription: elle définit les modalités de subsistance du Lévite lors de ses déplacements vers le lieu choisi par l'Eternel pour y mettre son nom. Comme le peuple le fait pour les autres, il veillera à pourvoir sur place à ses besoins selon les règles fixées par Dieu. Le Lévite pourra, en outre, jouir du produit de la vente du patrimoine acquis dans le lieu qu'il quittera.

Les prescriptions données ici par Dieu en faveur des Lévites font preuve d'une grande sagesse. Elles ne leur imposent pas la pauvreté ni ne favorisent leur enrichissement. Elles veillent à ce que leur bien-être fondamental soit assuré chaque jour tout en leur donnant une marge de manœuvre utile pour l'exercice de leur ministère. Destinés aux Lévites, ces principes restent valables pour orienter la façon avec laquelle le peuple de Dieu doit concevoir le soutien financier et pratique de ceux qui sont appelés à l'exercice d'un ministère à plein temps au milieu d'eux. Que Dieu nous donne de les intégrer et les respecter dans nos vies.

Interdits absolus: Deutéronome 18.9-14

En prévision de leur entrée dans le pays promis, l'Eternel avertit Israël de n'imiter aucune des pratiques spirituelles abominables qui avaient cours chez les peuples qui l'occupaient. Ces pratiques n'étaient pas, aux yeux de Dieu, la simple expression d'un égarement. Leur gravité était telle qu'elles étaient la cause suffisante du jugement de Dieu sur eux. Par elles, ces peuples témoignaient, non seulement de leur idolâtrie, mais de leur adhésion à la puissance des ténèbres et de leur éloignement le plus total de Dieu. Neuf pratiques sont ainsi recensées sur la liste des interdits absolus desquels Israël doit impérativement se garder en entrant en Canaan. Elles peuvent être classées en 4 catégories:

* les holocaustes d'enfants: ils étaient liés au culte abominable de Moloc: Lévitique 18.21; 20.2-3;
* la divination: on y retrouve différents corps de métiers si présents encore aujourd'hui: voyants, astrologues, augure, cartomanciens, diseurs de bonne aventure...
* la magie: toute pratique occulte destinée à produire de manière surnaturelle un fait miraculeux qui ne procède pas de la puissance de Dieu; Simon, dans le Nouveau Testament, en est un pratiquant convaincant: Actes 8.9;
* le spiritisme: tout ce qui fait appel au soutien ou au recours des morts ou des esprits.

Quelle que soit sa forme, l'occultisme ne doit avoir aucune place parmi le peuple de Dieu. Que Dieu nous donne le discernement spirituel nécessaire pour le combattre et nous y opposer avec toute la vigueur nécessaire.

Annonce de la venue d'un prophète: Deutéronome 18.15-19

Si Dieu s'oppose aux médiums de tout poil, il est conscient de la nécessité d'un médiateur qualifié entre lui et son peuple. L'expérience de la rencontre entre Dieu et Israël sur le mont Sinaï, après la sortie d'Egypte, est significative. Loin d'être une cause d'émerveillement, elle fut si traumatisante pour le peuple que celui-ci demanda que ce soit Moïse, et non plus lui, qui soit désormais en contact direct avec Dieu: Exode 20.18-19; Deutéronome 5.22-31. Moïse pourtant n'était pas en meilleur état que le peuple. Lui aussi était effrayé et tremblant: Hébreux 12.18-21.

La nécessité d'un médiateur entre Dieu et les hommes répond à plusieurs besoins. Le premier d'entre eux est qu'il est impossible à l'homme tel qu'il est de vivre face à face avec Dieu. «L'homme ne peut voir Dieu et vivre, avait déjà dit Dieu à Moïse» en Exode 33.20. Tous ceux qui ont, un tant soit peu, entrevu la gloire de Dieu, en témoignent: ils n'ont pu résister à la force de la vision: Esaïe 6.1-5; Apocalypse 1.17.

Pour une rencontre paisible avec Dieu, un médiateur est donc nécessaire aux hommes. Dieu en convient et agrée la demande que le peuple lui adresse. Il sait cependant que, pour y répondre, l'initiative ne peut venir que d'un côté, le sien. Quel homme pourrait, en effet, être qualifié pour servir d'intermédiaire entre le peuple et Dieu, s'il ne venait de lui? Promesse est donc faite ici de la part de Dieu à Moïse et Israël de la venue future d'un prophète, investi de la même autorité que Moïse. Dieu avertit pourtant son peuple. Le prophète qu'il va leur envoyer paraîtra bien sous les traits d'un homme. Malheur cependant à quiconque ne l'écoutera pas comme il écouterait Dieu lui-même lorsqu'il parle. Car ce ne sont pas ses propres paroles, mais celles de Dieu qui sortiront de sa bouche.

L'attente de la réalisation de la promesse a traversé les siècles. Intrigués par Jean-Baptiste, les Juifs le questionnèrent à ce sujet: Jean 1.21. Il n'était pas le prophète annoncé, mais son héraut. A la fois Dieu et homme, Jésus seul dans l'histoire est le médiateur qualifié entre les deux parties. Il est l'Image visible du Dieu invisible: Colossiens 1.15, le reflet de sa gloire et l'empreinte exacte de sa personne: Hébreux 1.3, la version rassurante de Dieu pour l'homme. Il est aussi entièrement et pleinement homme! Pour autant, que chacun prenne garde à la façon avec laquelle il le considère! Car celui qui l'entend entend Dieu, et qui le méprise l'outrage aussi.

Béni soit Dieu pour le don si précieux de Jésus pour nous!

Les faux prophètes: Deutéronome 18.20-22

Immédiatement après l'annonce qu'il fait de la venue d'un futur prophète de la dimension de Moïse, l'Eternel avertit les faux prophètes qui surgiront en Israël de la sévérité des sanctions qui les attendent. Le faux prophète, dit l'Eternel, est identifiable de deux manières: soit il prétend apporter une parole de la part de Dieu qui ne se réalise pas, soit, il prononce un oracle de la part d'un dieu qui n'est pas celui d'Israël. Dans tous les cas, le faux prophète paiera le prix de son audace par la mort.

La prévision de l'irruption de faux prophètes parmi le peuple de Dieu a largement été confirmée dans l'histoire. De tous temps, les faux prophètes ont côtoyé les vrais. Ils étaient soit des prophètes de divinités étrangères (Baal, Astarté...): 1 Rois 18.22, soit des hommes qui se disaient inspirés de Dieu tout en apportant au peuple de Dieu leur propre vision des choses: Jérémie 23.16. Les faux prophètes n'ont pas disparu de la scène après la venue du Christ. De son vivant sur terre, Jésus prévient ses disciples du danger qu'ils représentent. Ils auront toute l'apparence des vrais, mais les fruits qui naîtront de leur ministère témoigneront de l'esprit qui les anime: Matthieu 7.15-20. On pourrait penser qu'avec le temps, le phénomène des faux prophètes s'atténue. La connaissance de Dieu et de sa Parole n'ira-t-elle pas en grandissant, donnant un discernement spirituel de plus en plus grand au peuple de Dieu? Ne nous y trompons pas! Plus le temps du retour du Seigneur approchera, plus les faux prophètes pulluleront séduisant des multitudes: Matthieu 24.11.

Que Dieu nous donne un amour ardent pour sa Parole suivi d'une proximité réelle avec Christ. Qu'il suscite du milieu de son peuple de vrais docteurs inspirés, affermis, habités par une vision divine de sa personne et de son dessein. Ce sont ici les mesures de prévention les meilleures pour la communauté contre toutes les séductions spirituelles!

Chapitre 19

Les villes de refuge: Deutéronome 19.1-13

La règle prescrite ici par l'Eternel est dans la droite ligne de son souci d'une justice équitable. Si la loi divine sanctionne le meurtre de la peine de mort, elle reconnaît aussi que les intentions qui ont conduit une personne à donner la mort à une autre peuvent varier du tout au tout. La justice doit en tenir compte. Elle ne peut condamner de la même manière un meurtre involontaire et un crime commis avec préméditation. La disposition prise ici, avec la désignation dans le pays de six villes de refuge, connues de tous, permettant au meurtrier involontaire de trouver un asile contre le vengeur de sang (le justicier), va dans ce sens.

A l'écoute de l'énoncé de la loi de Dieu, telle qu'elle est formulée dans ses articles, beaucoup lui font le reproche d'une trop grande rigidité. L'aménagement prescrit ici, en fonction des circonstances, dément cette accusation. Le Dieu de la loi n'est pas qu'un Juge. Si la loi nécessite le traitement objectif des faits, le Dieu de la loi est un Dieu vivant, une personne à part entière qui pèse les choses à la lumière de la vérité. L'application de la loi nécessite toujours, dans la pensée de Dieu, que la vérité des faits soit établie. Négliger cette part ferait de la loi, non l'instrument de la justice, mais l'outil de la répression. La disposition prescrite ici valide, outre la légitimité de la prise en compte de circonstances atténuantes, celle d'une enquête précise et détaillée sur les faits et leur raison. Tous les témoignages, tous les indices établissant la culpabilité ou non de l'auteur des faits doivent être pris en compte. La chose faite, le jugement rendu fera ensuite jurisprudence. Il sera désormais le modèle sur lequel s'aligneront les cas à venir qui lui ressembleront.

La façon d'agir de Dieu décrite ici nous interroge. Sur quoi se fondent nos jugements, à la fois généraux et particuliers? Avons-nous pris le temps, avant de nous prononcer, d'établir les faits et de vérifier les intentions qui en étaient l'origine? Ou nous focalisons-nous sur un élément, une personne, une vue partielle de la vérité? Que Dieu, dans notre estimation des choses, nous aide à avoir toute la distance nécessaire pour apprendre avec lui à les juger en usant de toute la justesse et la mesure requises!

Le respect des bornes anciennes: Deutéronome 19.14

Toujours en lien avec le thème de la justice, l'Eternel prescrit par Moïse à tout Israël de ne pas déplacer, mais de respecter les bornes anciennes posées pour délimiter le territoire reçu par chacun en héritage dans le pays promis. Le bornage des terrains en parcelles identifiées était un facteur incontournable du vivre ensemble pour la communauté. Il permettait à chacun de voir ses droits reconnus et donnait à la justice une base à partir de laquelle les juges pouvaient légiférer en cas de contestation. Une borne est un repère. Déplacer les bornes, c'est effacer les anciens repères et changer les donnes. C'est inévitablement ouvrir la porte à la confusion et aux conflits.

Dans une société marquée par le relativisme comme la nôtre, le phénomène de déplacement des bornes morales est permanent. Ce qui était du domaine du mal hier passe aujourd'hui dans celui du bien. Ce changement continuel de paradigme, avec toutes les adaptations qu'il nécessite, n'est pas sans conséquence sur le vivre ensemble. Inévitablement, il engendre divisions et clans, entre les partisans des anciennes limites et ceux des nouvelles. L'histoire nous l'enseigne malheureusement: les hommes ne reviennent que rarement sur les choix moraux qu'ils ont un jour validés. Seule une action profonde de l'Esprit de Dieu dans un peuple peut l'amener à condamner ce à quoi il a adhéré et qui s'avère mauvais pour lui.

Comme Canaan pour Israël, sa Parole, avec les valeurs qu'elle contient, est ce que Dieu nous a laissé comme héritage. Toute adaptation de la Parole de Dieu à l'évolution des mœurs dans une société est une profanation de cet héritage qui nous a été transmis. L'avis de Dieu sur ce qui fait partie du domaine du bien et ce qui est du ressort du mauvais ne change pas avec le temps. La permissivité de notre époque est incompatible avec la radicalité salvatrice de Dieu. La Parole de Dieu a une définition précise de chaque chose: le mariage, la vie, l'exercice de la sexualité, le sens de la propriété, la bonne gestion des biens matériels, etc... Elle définit le cadre et délimite la place que ces biens doivent avoir dans nos vies. Tout déplacement des bornes posées par Dieu dans sa Parole ne peut conduire à terme qu'à la confusion et à la division parmi son peuple. Que Dieu nous donne la sagesse de nous faire une opinion juste et équilibrée de chaque chose, de manière à ce que la paix soit préservée entre nous!

Mesures contre les faux témoins: Deutéronome 19.15-21

La véracité des faits établissant la culpabilité d'une personne reposant sur la déclaration des témoins, l'Eternel prescrit ici plusieurs mesures destinées à s'assurer de la crédibilité des témoignages apportés. La première mesure concerne le nombre de témoins minimal pour porter une accusation contre un tiers. Un seul témoin ne suffit pas. Le minimum requis de deux est nécessaire pour plusieurs raisons. Un fait est plus certain s'il est corroboré par la même version. Un témoin seul peut se méprendre, interpréter ce qu'il voit, se tromper. Le témoignage de deux personnes disant la même chose est plus probant. Le témoin unique peut être un délateur. Il a pu agir, non par souci de vérité, mais par animosité personnelle contre celui qu'il accuse. Le témoignage d'une 2e personne limite l'influence de la part subjective dans le témoignage apporté. La 2e mesure est dissuasive. Elle ordonne que soit fait au faux témoin, animé de mauvaises intentions, ce qu'il espérait que la justice fasse à sa victime. L'objectif de la mesure est double: elle assure à tous ceux qui sont mis en cause que, en toutes choses, c'est la recherche de la vérité et de la justice qui prime; elle a pour objet d'inspirer dans le cœur de chacun la crainte. Oter dans la société la crainte de la sévérité d'un châtiment par rapport à une faute commise, c'est inévitablement ouvrir la porte à tous les débordements et tous les abus. Que Dieu, dans notre souci de recherche de la vérité, nous préserve de tout jugement hâtif et subjectif.

La prescription par la loi de ces deux mesures n'a pas empêché de faux témoins de venir à la barre pour accuser faussement Jésus lors de son procès: Matthieu 26.60. Quand, dès le départ, le jugement est biaisé, aucune mesure préventive n'a le pouvoir d'établir la vérité. La rétribution prévue par Dieu pour les faux témoins reste cependant d'actualité. La justice leur infligera un jour le traitement qu'ils espéraient voir infligé à leurs victimes. Notons encore que pour établir la véracité de la résurrection de Jésus, Dieu utilisera, non un témoin, mais plus de 500 pour apporter la même version des faits: 1 Corinthiens 15.6. La résurrection de Jésus n'est pas le produit d'une hallucination collective. Toutes les garanties sont réunies pour en assurer l'authenticité. Béni soit Dieu qui nous permet de fonder notre foi, non sur des approximations ou des suppositions, mais sur des faits reconnus, attestés et vérifiés!

Chapitre 20

Après les crimes et les délits, l'Eternel aborde avec Moïse un autre point incontournable de la réalité à laquelle est exposé le peuple de Dieu: celui de la guerre. Aucune personne un peu sensée n'est favorable à la guerre. C'est toujours la pire des solutions et des situations. A cause du péché, le réalisme veut cependant que tout peuple, tout individu, tout croyant se doit d'y penser. Tant que le Prince de la paix ne mettra pas fin à la guerre, en transformant les fabriques d'armes en outils de production utiles, celle-ci se poursuivra: Esaïe 2.4.

Lorsque la guerre inévitable, quelles règles et quels principes doivent guider le peuple de Dieu dans sa façon d'être et d'agir? La réponse donnée à Israël se trouve ici. Tout comme il existe des principes conformes à la nature de Dieu pour entretenir la paix, il y a des façons de faire la guerre que Dieu approuve ou désapprouve. Trois principes sont ici énoncés par Dieu à Moïse auxquels Israël est appelé à se tenir:

1er principe: La foi en Dieu: Deutéronome 20.1-4

Parce qu'Israël est le peuple de Dieu, il est appelé en temps de guerre à ne pas mettre d'abord sa confiance en son armement, mais en la puissance salvatrice de son Dieu. Le Dieu qui a fait sortir miraculeusement son peuple d'Egypte a le pouvoir de le délivrer de toute force hostile. Fort de son appui, Israël doit se garder d'entrer dans la politique de la surenchère militaire. Une telle spirale convient bien aux nations qui ne peuvent compter que sur leur arsenal pour triompher. Mais elle ne convient pas au peuple de Dieu. Les victoires du peuple de Dieu en temps de guerre peuvent aussi être un moyen pour lui de se révéler au monde. La condition pour se faire est qu'Israël marche à la guerre, non par la vue, mais par la foi. La preuve sera donnée au monde que le Dieu d'Israël est le Dieu unique et véritable au jour où, à court de moyens militaires, Israël ne devra son salut qu'à l'intervention évidente de Dieu en sa faveur.

Peuple différent que celui d'Israël, l'Eglise a aussi de nombreuses batailles à livrer dans ce monde. L'apôtre Paul a été clair à ce sujet! Nous sommes dans ce monde, non dans un état de paix mais de guerre spirituelle permanent: Ephésiens 6.12. Le principe défini ici pour Israël vaut aussi pour l'Eglise! Les armes avec lesquelles nous sommes appelés à combattre ne sont pas humaines ni charnelles, mais spirituelles. Ce sont les armes de Dieu: Ephésiens 6.11, 13-18. Bien des moyens nous sont proposés aujourd'hui pour rendre attractif l'Evangile. Ne nous trompons pas cependant de combat! Toujours, la foi, la prière, la confiance en la Parole de Dieu doivent paraître à nos yeux comme des outils supérieurs en efficacité à tout autre. Qu'au travers de notre faiblesse, tu sois toi, ô Dieu, révélé et magnifié parmi nous!

2e principe: les cas légitimes de dispense: Deutéronome 20.5-8

Une guerre n'est pas un événement comme les autres. Inévitablement, elle concerne tout le peuple qui y est confronté. Même s'il en a le désir, personne ne peut prendre de manière individuelle la décision de se soustraire à ses obligations de citoyen et laisser aux autres la charge de défendre, au péril de leur vie, la nation à laquelle il appartient. Pour autant, les situations de tous ne sont pas égales. Si la volonté de Dieu est commune pour tous, sa grâce fait que son application doit être personnalisée au contexte de chacun. Quatre cas de force majeure sont ici évoqués pour lesquels Dieu demande qu'une dispense soit donnée à l'engagement militaire dans une période de guerre:

* 1er cas: un homme qui vient de bâtir une maison et n'a pas encore eu le bonheur d'y habiter. Le risque de mourir à la guerre étant élevé, l'Eternel estime injuste qu'un tel homme soit tué sans avoir joui du fruit de ses efforts. L'état de guerre ne doit pas s'imposer au point de tout subordonner à la pression qu'il exerce.
* 2e cas: un homme qui a planté une vigne et n'a pas eu le bonheur d'en récolter les fruits. Le même argument prévaut ici. La grâce de Dieu sait faire la part des choses lorsque sont mis en balance les droits et les devoirs.
* 3e cas: un homme qui est fiancé à une femme, donc déjà lié à elle par une promesse et un engagement, et qui ne s'est pas encore uni à elle par les liens du mariage. Le cas évoqué ici montre que la cruauté de la guerre a des limites. Seule la grâce de Dieu permet de prendre en compte de manière juste le droit de chacun face à son devoir. La défense des intérêts de la nation ne doit jamais s'imposer au point qu'elle éclipse totalement ceux des personnes.
* 4e cas: ceux qui, face au danger que représente la guerre, font preuve d'un manque évident de courage. Ce dernier cas d'exemption est le plus étonnant. Ce qui est pris en considération ici, ce n'est pas le droit de la personne concernée mais l'influence potentielle de son exemple négatif sur les autres. Là aussi, l'état de guerre se distingue de tout autre. Il nécessite de la part de ceux qu'il mobilise pour le combat une détermination totale. Or, de multiples précédents et exemples le

montrent: rien n'est plus contagieux, démobilisateur et propice à la défaite que la peur. Il est donc préférable que ceux qui, dans leur faiblesse, n'arrivent pas à la surmonter quittent le champ de bataille plutôt qu'ils ne restent et contaminent leurs compagnons.

Que Dieu nous donne dans l'énoncé de toute exigence la capacité d'y inclure toujours la mesure de grâce qui la rend humaine et juste!

3e principe: procédure d'attaque: Deutéronome 20.9-20

Si le peuple de Dieu ne peut éviter la guerre, sa manière de la faire doit témoigner du Dieu auquel il appartient. Le peuple de Dieu ne va pas à la guerre pour détruire, tuer, piller sans mesure ou discernement. Il est appelé par son comportement à manifester le respect qu'il a pour la vie humaine et la création de Dieu. A cet effet, l'Eternel prescrit ici trois règles qu'Israël sera tenu de suivre lorsqu'il se mettra en route pour faire la guerre:

* 1re règle: elle s'applique aux peuples extérieurs à Canaan. Avant de leur faire la guerre, Israël sera tenu de leur offrir la paix. Le but est que le sang de personne ne soit versé inutilement. En cas d'acceptation, Israël s'acquerra la ville, sa population et ses biens. En cas de refus, la ville sera assiégée. La victoire remportée, seuls les hommes de la ville seront passés au fil de l'épée. Les femmes, les enfants et le bétail ne seront pas touchés, mais deviendront propriété du peuple de Dieu.
* 2e règle: elle s'applique aux peuples occupant Canaan. Ici aucune offre de paix ne sera proposée. La différence tient au fait

que les peuples qui occupent Canaan sont, vis-à-vis de Dieu, dans un autre cas de figure que ceux qui sont hors de ses frontières. Canaan est donné à Israël par grâce et retirée aux autres peuples par jugement: Deutéronome 18.9-13. Aucune pitié ni démarche de conciliation ne peut, à cause de ce fait, entrer ici en ligne de compte. La sévérité de la sentence ne concerne pas seulement le passé de ces peuples, mais le futur d'Israël. A cause de sa faiblesse, elle est une mesure de prévention destinée à protéger le peuple de Dieu de l'apostasie par l'imitation de leurs pratiques abominables. Face à certains péchés, la radicalité est, pour le peuple de Dieu, la seule façon possible de se prémunir: cf. Matthieu 5.27-30.

* 3e règle: elle s'applique à l'environnement naturel. La guerre étant un problème entre hommes, Dieu ordonne que la nature n'ait pas à en souffrir. Une mesure de sauvegarde précise est ici énoncée à ce sujet: l'interdiction formelle d'abattre certains arbres pour soutenir le siège qui est fait contre une ville.

On peut trouver étrange de trouver dans la Parole de Dieu l'énoncé de règles à suivre pour faire la guerre. La raison en est que la Bible ne nous appelle pas à vivre en tant que témoins de Dieu dans un monde imaginaire, mais réel. La guerre est la condition journalière dans laquelle vivent de nombreux croyants. Plus peut-être que tout autre peuple, Israël ne peut, à cause de son identité particulière, éviter la guerre. Il doit s'y préparer de manière aussi sûre que le Japon pour ses tremblements de terre (Vilnaï: ambassadeur israélien en Chine).

Que Christ, le Prince de la paix, vienne bientôt pour mettre un terme définitif à toute guerre!

Chapitre 21

Meurtre dont l'auteur est inconnu: Deutéronome 21.1-9

En tant que code de loi, le livre du Deutéronome n'a pas pour seul but de dicter au peuple de Dieu le modèle idéal dans lequel il devrait vivre. La loi traite du réel. Elle part des situations concrètes qui se présentent dans la vie pour statuer et légiférer sur elles. La vie humaine entachée par le péché ouvrant la voie à tous les possibles, tous les cas et tous les sujets doivent être envisagés. L'expérience le prouve: mieux vaut avoir réfléchi à une situation avant qu'elle ne se produise que la traiter devant le fait accompli. C'est dans cet esprit qu'est ordonné ce qui fait l'objet de l'article édicté ici.

Le cas traité est celui d'un meurtre pour lequel il s'avère impossible de trouver l'auteur. Notons que s'il est ici envisagé comme rare, il est devenu courant aujourd'hui, tant le fait d'ôter la vie a été banalisé. Le sang d'un homme versé, la loi stipule en temps normal que le sang du criminel le soit aussi. La loi d'ailleurs ne date pas de Moïse, mais remonte à la Genèse. Elle fait partie des premiers articles ordonnés par Dieu après Noé en vue de donner aux hommes un fondement à l'exercice légal de la justice: Genèse 9.5-6. Le jugement rendu par la loi en cas de meurtre est clair. Il nécessite cependant une condition sine qua non pour son application: celle d'identifier un coupable. Que faire lorsque tel n'est pas le cas? C'est à ce casse-tête que répond l'article énoncé ici.

Pour que justice soit rendue, l'article part de l'idée que ce qu'ordonne la loi reste en vigueur. Le sang ayant été versé, il devra être versé. Le coupable n'ayant pas été identifié, il faudra faire appel à un substitut. Les juges devront donc se rendre sur place. Dans un premier temps, ils évalueront de quelle ville le cadavre trouvé est le plus proche. Le soupçon émis ici est que c'est de ce lieu que sort, de manière la plus probable, l'auteur du forfait. La mesure faite, les responsables de la ville se présenteront devant les prêtres, muni d'une génisse n'ayant jamais servi aux travaux des champs. Au bord d'un cours d'eau vive, les prêtres briseront la nuque de l'animal après que les anciens de la ville se soient lavés les mains au-dessus de lui en guise de témoignage d'innocence face au crime commis.

Alors que Jésus allait être sacrifié en tant que victime innocente pour le péché du monde, le même geste est ici répété. Pilate, qui ordonne la condamnation de Jésus, se lave les mains en présence des prêtres de la nation: Matthieu 27.24. Parmi toutes les personnes présentes ce jour, aucune ne veut endosser en quoi que ce soit une part de responsabilité dans la mort de Jésus. Jésus fait ainsi partie de ces victimes de meurtre dont l'auteur ne sera pas identifié. Toutes les parties concernées de près ou de loin le déclarent: elles sont innocentes de la mort de ce juste: Matthieu 27.25.

Qui a tué Jésus? Comme il est supposé ici, les premiers coupables désignés sont ceux qui lui étaient le plus proches, les juifs. Sur le plan de la distance géographique, le jugement est juste. Le problème est cependant plus complexe. Car tous, juifs et païens ont contribué à son exécution. Plus encore, sont coupables de la mort de Jésus tous ceux qui, d'une manière ou d'une autre, revendiquent l'attitude même qui a été à l'origine de la décision de sa crucifixion: le refus de l'abandon du péché et celui de la royauté de Dieu: Luc 19.14.

Reconnaissons-le: nous ne pouvons nous dédouaner de notre responsabilité face à la mort de Jésus. Les auteurs de sa mort ne sont pas inconnus. Au contraire! Ils sont clairement identifiés! Nous en faisons partie. C'est à la grâce de Dieu seule, en vertu du sang répandu de Jésus, que nous devons d'être justes!

Histoires de couple et de famille: Deutéronome 21.10-21

Dans le même registre du réel, Dieu donne à Moïse trois directives précises au sujet de cas qui, tous, relèvent de la sphère conjugale et familiale:

1er cas: le mariage avec une prisonnière de guerre: Deutéronome 21.10-14

Le cas évoque une situation typiquement humaine, celle d'un Israélite s'éprenant d'une femme qui, au retour d'un combat, a été faite prisonnière de guerre. Si l'article évoque l'Israélite, son objet n'est pas d'assurer ses droits sur elle. Il est plutôt de défendre ceux de la femme étrangère qui va devenir son épouse. Quel que soit le sujet qu'elle traite, le premier but des lois de Dieu est toujours d'assurer la protection des plus faibles. Celui qui est en position de force n'a pas besoin de la loi pour faire prévaloir ses droits. Il lui suffit d'agir. Seule la loi, par contre, a le pouvoir de défendre et d'assurer les droits du faible. La loi est le rempart que Dieu dresse entre le fort et le faible pour que le premier ne profite pas de sa position pour exploiter et abuser le second. Le plus grand dommage que la loi puisse causer est d'inverser ce principe. Tel est malheureusement le cas aujourd'hui. Le droit à l'avortement en est peut-être l'exemple le plus frappant.

Le mariage entre un Israélite et une prisonnière de guerre autorisé, Dieu énonce trois règles qui prennent en compte le traumatisme que représente le changement brutal survenu dans la vie de la captive et sa situation de vulnérabilité:

* 1re règle: le respect d'un temps de deuil. La femme étrangère habitera la maison de son futur époux, mais, pendant un mois, il devra la laisser faire le deuil de son ancienne condition. Le traumatisme que laisse la guerre dans le cœur et l'esprit de ses victimes ne se guérit pas du jour au lendemain. L'amour pour l'autre ne peut se passer du respect de son malheur.
* 2e règle: la femme étrangère mariée à l'Israélite jouira de tous les droits d'une épouse. Elle ne sera pas considérée comme une femme de second rang.
* 3e règle: si la captive vient à déplaire un jour à son nouveau mari, celui-ci aura le droit de se séparer d'elle. Mais il ne pourra ni la vendre comme un objet, ni la traiter en esclave. Elle jouira, en tant que citoyenne de la même liberté et de la même protection que les autres femmes dans le pays.

Telles sont les dispositions de Dieu pour ce cas. Elles témoignent de la prise en compte de l'humanité de chaque être. Que ce critère soit toujours au cœur de toutes nos délibérations visant à trancher et juger le cas de chacun!

2e cas: les droits du fils aîné: Deutéronome 21.15-17

Comme le précédent, le cas traité ici appartient aussi au registre des affaires de cœur. Les deux cas témoignent de la même chose: la puissance d'orientation qu'exerce l'influence des sentiments dans les décisions, les jugements et les positions que l'on prend. Sentiments comme raison font partie du domaine de l'âme. Ensemble, ils constituent ce qui ressort de la subjectivité dans ce que nous apprécions. Inévitable, la subjectivité s'avère cependant, à cause du péché, incapable de servir de norme au bien et au mal. L'apôtre Pierre, aimant Jésus et croyant bien faire, réagit de manière subjective à l'annonce de sa mort prochaine. Il se fit vertement remettre en place par le Seigneur: Matthieu 16.21-23. Sa subjectivité faite d'amour, de sagesse et de sincérité humaines, s'avérait être le meilleur outil du diable pour détourner Jésus de son chemin. Elle était si dangereuse qu'elle faillit priver de salut des millions d'êtres humains.

Face au péril que représente la subjectivité, Dieu oppose l'objectivité de la loi. Le fondement de la loi n'a rien de subjectif. La loi repose sur la justice et le droit. La loi ne peut être la propriété d'un groupe particulier. Elle doit s'assurer qu'elle défend les intérêts de chacun en vertu de ce qui est juste face à Dieu et la conscience. Le cas évoqué ici l'illustre à merveille. Quand bien même nous sommes au cœur de la cellule familiale, le chef de famille ne peut agir comme il l'entend, selon ses préférences. La sphère privée n'échappe pas plus que la publique au jugement de la loi. La loi passe avant les affections et les préférences. Elle sanctionne avec force, selon la nature même de Dieu, le Législateur, les injustices nées du favoritisme, position contraire à la fois à l'amour et à la justice: Jacques 2.1-9; Actes 10.34-35.

Quelle que soit la femme dont il est issu, celle que le mari préfère ou non, le droit du fils aîné doit être reconnu et préservé. Dans la culture juive, le fils aîné représente les prémices de la vigueur du père. Il porte, en cas de décès de celui-ci, une responsabilité plus grande: celle d'assumer la charge que le père assumait à l'égard du reste de la famille. A cause de ce statut particulier, la loi ordonne qu'une double part lui soit donnée dans l'héritage du père. A responsabilité supérieure, la justice estime que la rétribution se doit de l'être aussi.

Nous ne sommes pas dans la même culture. Le cas évoqué ici doit cependant nous servir d'instruction. Rien n'est plus propice à la partialité que l'influence des liens humains. Si la famille (humaine ou spirituelle) est le cadre dans lequel l'amour doit s'exprimer, il est aussi celui dans lequel le subjectivisme risque de causer le plus de dégâts. Plus on est proche les uns des autres, plus les marques de préférences peuvent être blessantes. Que Dieu nous donne la grâce d'une conscience forte du droit et de la justice dans l'exercice de notre amour!

3e cas: celui d'un fils indocile et rebelle: Deutéronome 21.18-21

Le dernier cas traité est le plus douloureux. Il est d'autant plus difficile à entendre que notre culture permissive va à la totale encontre de la sévérité de Dieu sur le sujet. Quelle que soit l'affection et la considération que des parents et des adultes doivent avoir pour l'enfant, il n'est pas dans la pensée de Dieu que celui-ci soit fait roi. La mission première des parents doit être d'éduquer les enfants, de leur transmettre les valeurs qui les rendront aptes à contribuer de manière positive et responsable à la vie de la communauté à laquelle ils appartiennent. Il nous faut absolument intégrer cette pensée: la justesse d'une sanction n'a de sens que si elle s'inscrit dans un cadre approprié.

Alors que nous déplorons la violence et l'insoumission des jeunes, posons-nous d'abord en tant que parents et adultes la question: ne sommes-nous pas les premiers responsables de la situation? Qu'avons-nous fait pour maintenir le cadre dans lequel doit s'exercer l'éducation? Pour Pascal Bruckner, la cause première de cet état de fait n'est pas due aux enfants, mais aux parents. L'ordre de mission, le message communiqué aux enfants a changé. Il est à l'opposé de celui des siècles passés. Le philosophe le résume par ces mots: «Soyez heureux puisqu'on ne fait plus d'enfants aujourd'hui pour leur transmettre des valeurs ou un héritage spirituel mais pour multiplier le nombre d'épanouis sur terre.» Un tel cadre posé, le cadre de l'enfant-roi, s'étonnera-t-on ensuite si la rébellion et l'insoumission en sont les fruits?

L'ordre prescrit ici pose de manière indirecte le bien-fondé de la sévérité dans l'exercice de la discipline. Selon Paul, la sévérité n'a de sens que dans le cadre d'un environnement fortement marqué par des principes connus et vécus. L'apôtre le dit aux Corinthiens parmi lesquels le désordre régnait: «Nous sommes aussi prêts à punir toute désobéissance, lorsque votre obéissance sera complète: 2 Corinthiens 10.6» Il est impossible de reprendre avec sévérité quelqu'un pour son attitude marquée par la rébellion et l'indiscipline si le milieu dans lequel il évolue n'est pas exemplaire et irréprochable à ce sujet. Dans tous les cas où elle est mise en œuvre, ceci ne s'explique que par cela: Actes 5.1-11.

La sévérité de la sanction ordonnée ici traite d'un cas d'extrémité. Elle est l'aboutissement, le fruit d'un constat d'impuissance. Le fils a fait ses preuves: malgré les multiples essais et la patience des parents, rien n'y a fait. L'enfant refuse de changer et de s'amender. Il a choisi de rester dans la voie de la rébellion, du déshonneur et de l'insoumission. Rien de bon n'étant plus à espérer, la sanction tombe. De peur que, comme un fruit pourri, il contamine les autres, Dieu ordonne que, de manière responsable, la communauté ôte le rebelle de son milieu. La sanction a, à la fois, valeur de jugement pour le concerné et d'exemple pour les autres, afin que la crainte les saisisse: cf. Actes 5.11.

La sévérité de Dieu témoigne du fait que, à ses yeux, le bien de la communauté prime sur la défense de l'intérêt personnel de l'individu. Aussi sacrée soit la vie d'une personne, celle-ci ne peut mettre en danger par sa folie l'équilibre de la communauté à laquelle il appartient. S'il faut choisir entre les deux, c'est la communauté qui doit primer. Le principe vaut aussi pour notre relation avec Dieu. Il n'est pas dans la volonté de Dieu de faire périr quiconque de ses enfants. Toutefois, la gloire de Dieu, son témoignage, prévaudront toujours sur la vie de l'un d'eux si, par son comportement, il porte atteinte à l'honneur de son nom: 1 Corinthiens 5.1-5. Que Dieu nous donne chaque jour de grandir dans la crainte de son nom, attitude qui est le commencement d'une vie sage: Psaume 111.10; Proverbes 9.10.

La peine de mort: Deutéronome 21.22-23

Toutes les sanctions prévues par la loi de Dieu, y compris la peine de mort, ont une seule et unique raison: la sauvegarde du bien de la communauté. La communauté est dans l'esprit de Dieu un corps, un ensemble dont chaque individu n'est qu'un membre. Détacher le sort d'un membre de celui de la communauté à laquelle il appartient, c'est perdre de vue l'angle sous lequel doivent être comprises les peines édictées par la loi. Contrairement à ce que l'on pourrait penser, la nature de la sanction n'est pas la cause première de la ligne de fracture entre les opposants à la peine de mort et sa prescription par la Bible. Celle-ci se situe ailleurs. Elle est dans l'identification de ce que l'on cherche à sauver. Pour Dieu, la communauté est au cœur de tout. C'est elle qui, par-dessus tout, doit être protégée de la folie de l'un de ses membres. Pour notre société humaniste, c'est l'individu qui prime. C'est lui qui doit être protégé de la sévérité de la société. La vie (ou la survie) du membre est un enjeu supérieur à celui du corps. Aucun crime, quel qu'il soit, ne mérite donc d'être passible de la peine de mort. Les conséquences d'une telle manière de voir sont multiples: le frein qu'est la crainte qu'inspire la peine de mort a disparu, la société se trouve mal protégée et les victimes flouées. La peine capitale n'ayant, de plus, aucun substitut, la justice est débordée par le problème de surpopulation des prisons. Ce qu'on a voulu éviter à l'extérieur se produit à l'intérieur. La peine de mort n'est plus appliquée, mais les suicides la remplacent. Les prisonniers les plus faibles se donnent la mort, alors que ceux qui auraient dû mourir survivent. La société humaniste se retrouve prise au piège de sa propre dérive.

On peut discuter de la manière dont doit être appliquée la peine de mort. En Israël, la lapidation était la manière courante de procéder. La méthode peut sembler cruelle. Elle correspondait cependant à une volonté précise de Dieu. Très structurée, la lapidation impliquait fortement la responsabilité de chacun. Les premiers à jeter la pierre à l'auteur du crime puni n'étaient pas des anonymes. La lapidation commençait par le geste des témoins et des accusateurs: Deutéronome 17.6-7. Puis seulement ensuite, le peuple suivait. La lapidation était un geste solidaire de la société qui condamnait un mal commis en son sein et son auteur. Personne, dans son application, n'esquivait sa part d'engagement, les concernés par l'affaire en premier.

Il pouvait arriver que la peine capitale se fasse par pendaison. L'Ecriture n'en spécifie pas la raison. Dieu ordonne en ce cas que le jour même le pendu soit enseveli. La raison majeure de l'ordre émis tient au fait que la pendaison d'un homme est un spectacle que Dieu maudit, un obstacle majeur à sa bénédiction sur la terre qui le porte.

Paul le rappelle dans une de ses lettres. Alors qu'il était sur terre, le Fils de Dieu dut aller jusqu'à ce niveau d'infamie pour que la bénédiction de Dieu promise à Abraham soit nôtre. Jésus, pendu au bois, a pris sur lui la malédiction qui reposait sur nous par la loi à cause de nos crimes, afin que la bénédiction qui reposait sur lui nous soit donnée: Galates 3.13-14. Béni soit-il pour son amour incompréhensible et insurpassable pour nous!

Chapitre 22

A la lecture des prescriptions successives de la loi, un principe se dégage. La loi se nourrit d'une étude de cas. Page après page, Dieu évoque des faits, des situations, des circonstances qui peuvent se produire au sein du peuple de Dieu. Puis, sur la base de la justice, Dieu légifère. Il ordonne, en vertu de ce qu'il est, ce qu'il convient de faire de manière à ce qu'il n'y ait rien parmi le peuple de Dieu qui provoque sa colère et sa désapprobation. Après tous les cas évoqués dans les chapitres précédents, celui-ci s'ouvre sur l'étude de plusieurs autres, proches de la vie quotidienne du peuple.

La sollicitude fraternelle: Deutéronome 22.1-4

Le 1er cas fait appel à la sollicitude fraternelle entre membres du peuple de Dieu. Il évoque une situation dans laquelle un Israélite se trouve placé devant un choix: celui d'agir pour le bien et l'intérêt de son frère, ou celui de passer son chemin comme si ce qu'il voyait ne le concernait pas. L'ordre est clair: l'amour ordonne que chacun fasse pour les autres ce qu'il aimerait que les autres fassent pour lui dans la même situation: Matthieu 7.12. Le péché, selon la Bible, ne consiste pas seulement à faire le mal. Il est aussi dans le fait de ne pas faire le bien que l'on sait devoir faire: Jacques 4.17.

Le principe mis en valeur dans le cas évoqué a été illustré de manière indélébile par une des histoires les plus connues racontées par Jésus: la parabole du bon samaritain: Luc 10.25-37. La question traitée ici est d'une importance capitale. Elle touche directement au second commandement de la loi: l'amour du prochain. L'amour du prochain n'est pas un vague concept philosophique. Il est prouvé ou non dans nos vies quotidiennes par le concret de nos actes: le coup de main que l'on donne ou que l'on refuse, le geste qui pourrait aider et que l'on ne fait pas. C'est aux actes de compassion dont nous faisons preuve entre nous qu'on verra l'amour dont notre cœur est rempli. Change mon cœur Seigneur, pour que je ne sois pas frileux, mais empressé à faire ce que j'aimerais que l'on fasse pour moi si j'étais dans la situation de mon frère!

Question d'habillement: Deutéronome 22.5

Le second cas traite de la nécessité pour un homme et une femme d'être conforme dans leur tenue vestimentaire à leur identité sexuelle. Un homme ne doit pas avoir au-dehors l'apparence d'une femme et vice versa. Le vice combattu dépasse de loin la simple question du «look» d'une personne. Il dénonce le péché de la confusion et de l'inversion de l'identité des êtres. Un homme doit être un homme dans tout ce qu'il est et une femme de même. Il y a entre les sexes des différences notoires qui, à toujours, doivent être préservées. Créer le mélange, c'est nuire au projet originel de Dieu. C'est anéantir la frontière de séparation des sexes que Dieu a voulue, qui est à la base de la conception du mariage et de la complémentarité homme/femme.

Sur le plan spirituel, l'interdit posé ici témoigne de la nécessité, pour nous chrétiens, d'être au-dehors conformes à ce que nous sommes au-dedans. Paraphrasant le texte, nous pourrions lui faire dire avec justesse que le chrétien doit, dans son apparence, son comportement extérieur, veiller à être le reflet de son identité intérieure. Il ne sied pas à un chrétien de ressembler à un païen et vice versa. Cette conformité entre l'extérieur et l'intérieur est le thème majeur des épîtres des apôtres. «Soyez à l'extérieur ce que vous êtes en Christ à l'intérieur!» nous disent-ils tous. Aux yeux de ceux qui nous regardent, notre comportement trahit ou confirme ce que nous sommes: Matthieu 5.14-16. Que Dieu agisse et corrige en moi tout ce qui peut être source de confusion au témoignage qu'il m'appelle à rendre à la gloire de son nom dans ce monde!

Mesure d'attention envers les animaux: Deutéronome 22.6-7

Le caractère anodin du 3e cas traité le rend particulièrement intéressant. Pensant à la vie spirituelle du peuple de Dieu, notre tendance naturelle est de nous focaliser sur les grands principes qui la fondent. Un chrétien mûr se discerne, pense-t-on parfois, par la profondeur de ses convictions, l'étendue de sa connaissance, la justesse de son discours... Pour Dieu, les tests de l'excellence et de la maturité se trouvent ailleurs: cf. Jean 13.2-5; Marc 12.41-44. La sensibilité d'un chrétien à Dieu se juge par la sensibilité dont il fait preuve dans sa conduite à ne rien faire qui, dans les détails, viendrait à l'offenser. Les petites, plus que les grandes choses de la vie, témoignent de ce que nous sommes, de ce qui habite notre cœur.

Parmi elles, Dieu met en bonne place notre comportement envers les animaux, cette catégorie d'êtres qui, dans la création, nous est inférieure. Un oiseau, un bœuf, ou tout autre animal, est une créature de Dieu. Il porte en lui quelque part des instincts qui témoignent de l'intérêt que Dieu a porté à sa création. Gouverneur et gérant de la création de Dieu, l'homme se doit de les respecter.

Les animaux ne sont pas des pierres. Ils possèdent pour certains une sensibilité qui doit être considérée. Cette considération que l'homme doit avoir pour l'animal n'est pas secondaire. Dieu la souligne en liant cette obligation à une promesse qui est du même niveau que celle donnée à ceux qui obéissent à toute la loi et aux enfants qui honorent leurs parents: celle d'assurer à qui la respecte une vie longue et heureuse: Deutéronome 4.40; 5.16.

Quelle valeur, quelle importance ont les choses anodines de la vie pour moi? Suis-je conscient que, plus que des paroles, elles témoignent aux autres de ce qui habite dans mon cœur, du degré de sa sensibilité à Dieu? Que, par le Saint-Esprit, Dieu donne à nos cœurs de pierre d'être changés en cœur de chair!

Sécurité et prévention: Deutéronome 22.8

Le cas évoqué ici fait appel au bon sens et à la sagesse. Après la sensibilité envers les choses les plus faibles, la Parole se plaît à présenter le bon sens et la sagesse pratique comme deux vertus cardinales qui, dans la vie du peuple de Dieu, peuvent éviter bien des drames. Comme il en est de l'amour, nous pensons parfois à tort que l'excellence et le sérieux concernent surtout les grandes choses de la vie. La prescription énoncée ici contredit cette idée. L'excellence et le sérieux sont des qualités que l'on a ou que l'on n'a pas. Leur présence ou leur absence se révèlent de manière transversale dans tous les domaines qui composent notre vie. La façon dont nous traitons les petites comme les grandes choses en témoigne.

Alors que tous, dans un domaine ou un autre, nous sommes engagés dans un projet de construction, la question se pose. Ai-je bien posé et pesé toutes les questions que ce projet implique? En ai-je fait le tour? Ai-je évalué tous les dangers, les risques concrets que ce projet fait courir? Ai-je fait ce qu'il faut pour les prévenir, de manière à ce que personne autour de moi ne soit une victime collatérale de ma négligence? Notre responsabilité dans la réalisation d'une tâche ne se limite pas à ce que nous avons fait. Elle porte aussi sur ce que nous aurions dû faire et que nous avons omis d'entreprendre: Jacques 4.17. Puissions-nous dire comme Jésus à la fin d'une tâche: Tout est accompli!

Mauvaises associations: Deutéronome 22.9-11

Les trois cas de figure traités ici évoquent tous la même question: celle des associations saines et malsaines. Le principe qui est derrière les interdits énoncés est unique. Il est que chaque chose qui existe et qui a été créé appartient à une espèce qui lui est propre. Or de même que, dans la création, les êtres se reproduisent dans l'espèce à laquelle ils appartiennent, il est malsain et contraire à la nature de mélanger ou d'associer des plantes, des matières ou des animaux qui sont d'espèces différentes. Nous pouvons le faire. Mais le constat est là: le produit final de telles associations est toujours négatif.

Si la loi se borne à traiter de cette question au sujet de plantes, de matières ou d'animaux, l'application du principe évoqué ici vaut aussi pour le domaine spirituel. Paul n'hésite pas à opérer la transposition: 2 Corinthiens 6.14-16. Comme il en est pour le bœuf et l'âne, le croyant et l'incroyant ne peuvent se mettre ensemble sous le même attelage en vue d'une œuvre commune. Pas plus que ce qui vient de la lumière et des ténèbres, du royaume de Dieu et de celui de Satan. Il y a une frontière et un antagonisme nets qui séparent les espèces et les mondes. Si, en tant que disciples de Christ, nous sommes appelés à vivre au milieu du monde, nous devons nous garder en tous points de collaborer à l'esprit qui est dans le monde: Jean 17.16. Tout ce qui, en effet, caractérise cet esprit est contraire à Dieu: 1 Jean 2.16. L'amour du monde n'est pas seulement nocif, il est hostilité contre Dieu. Celui donc qui veut se rendre ami du monde se rend ennemi de Dieu: Jacques 4.4.

Que Dieu nous garde en tant que peuple de Dieu de toute association malsaine. Ce qui est perdant dans l'histoire n'est pas ce qui vient du monde, mais de Dieu!

Aide-mémoire: Deutéronome 22.12

Sortant du cadre des études de cas, ordre est donné à tous les Israélites de munir tous leurs vêtements de franges (glands, pompons, houppes selon les traductions). Le but de l'ordonnance n'est pas esthétique. Il est de fournir au peuple un aide-mémoire visuel permanent, destiné à lui rappeler les commandements de la loi qu'il devait mettre en pratique: Nombres 15.37-41. Dieu sait en effet de quoi nous sommes faits. Il connaît notre propension, pris que nous sommes par nos activités, à oublier ce qui est essentiel. Ingénieux et pratique, Dieu fournit ici à Israël un moyen simple, peu coûteux et efficace de pallier à cette déficience.

Mesure pratique simple destinée à un but, l'ordre finira pourtant par être détourné de son objectif d'origine. Dieu fait des choses simples. Mais le cœur tortueux de l'homme ne peut s'empêcher de faire avec elles des détours: Ecclésiaste 7.29. S'appuyant sur le caractère visuel du pense-bête voulu par Dieu pour le bien de son peuple, des hommes trouvèrent bon de s'emparer de l'idée pour épater les autres par leur piété. Dépassant ce qui est ordonné, ils élargirent à l'excès les franges de leurs vêtements, y ajoutant même des phylactères (petites boîtes de cuir portées au front et sur le bras gauche par les juifs pieux et contenant des textes bibliques écrits sur du parchemin: Matthieu 23.5).

Plus que tout autre, ce détournement d'objectif d'une chose simple souligne à quel point le cœur de l'homme est faux, fourbe, plein de duplicité. Apprenons, comme Dieu le veut, à être simple, vrai et droit dans nos vies. Prenons ce que Dieu nous donne, non selon ce que nous pouvons en faire pour nous et notre intérêt, mais comme il l'a donné. Veillons particulièrement à ne jamais détourner de son but une parole de Dieu ou une ordonnance prescrite. Nous n'obéissons à Dieu que lorsque nous faisons ce que Dieu demande dans le but pour lequel il l'a demandé!

Cas éthiques: Deutéronome 22.13-29

Pour conclure cette partie de son enseignement consacré à des études de cas, Moïse traite cinq situations éthiques précises.

1er cas: une femme faussement accusée: Deutéronome 22.13-19

Le cas évoque celui d'un homme qui, après avoir pris une femme, lui fait une mauvaise réputation en l'accusant de ne pas être entrée vierge dans le mariage. La raison de son accusation ne tient pas au fait qu'il a des preuves de ce qu'il avance, mais que, pour une raison inconnue, son amour pour elle a fait place à de l'aversion dans son cœur. L'accusation est grave. Elle signifierait, si elle était justifiée, qu'il y a dans la vie de la jeune fille une part d'ombre méconnue de tous, en premier lieu de ses parents.

Puisque c'est l'honneur de la famille qui est en jeu, c'est à elle de se porter partie civile pour défendre l'accusée. Or, il existait pour les parents à l'époque un moyen simple de fournir les preuves de l'innocence de leur fille. Il suffisait de présenter aux anciens chargés de légiférer les preuves de la virginité de leur fille: le tissu souillé du sang de sa défloration. L'innocence prouvée, le faux accusateur n'était pas relaxé. Une amende de 100 sicles d'argent lui était imposée qu'il devait payer en guise de dédommagement moral au père de sa femme. En outre, il ne pourra, après l'avoir prise, la répudier en aucune manière. La femme restera sa femme et l'homme tenu de respecter jusqu'au bout les engagements qu'il a pris envers elle au jour où il l'a épousé.

Le mode de défense des parents préconisé rappelle que rien n'est plus sûr que les faits et leur examen pour s'assurer de la véracité d'une chose. Dans la recherche de la vérité, les faits sont premiers. Vient ensuite leur interprétation. A ce sujet, nous devons absolument nous garder de juger sur la base d'impressions ou d'apparences. Non seulement le fait doit être établi, mais la motivation qui en est à l'origine éclairée. C'est à ce prix-là seulement que le droit, l'équité et la justice peuvent triompher dans toutes les affaires humaines.

2e cas: une femme justement accusée: Deutéronome 22.20-21

Si l'éventualité d'une fausse accusation est le premier scénario envisagé, le cas peut aussi être contraire. Après avoir pris sa femme, le jeune époux peut effectivement constater qu'elle n'était pas vierge. La femme se serait alors rendue coupable d'une double faute: en plus de la tromperie dont elle a fait preuve envers son époux, elle a aussi sali la réputation de sa famille en se prostituant à leur insu dans la maison de ses parents. Comme il en est pour le fils indocile et rebelle: Deutéronome 21.18-21, la peine de mort sera la sanction appliquée.

La radicalité du châtiment imposé vise toujours au même but: éradiquer du milieu d'Israël toute racine de mal qui, tolérée, ne manquerait pas de se développer et de contaminer toute la société. Le temps démontrera malheureusement que la sévérité de la loi sera impuissante à produire l'objectif visé. Si la loi établit un niveau à atteindre, elle ne communique aucune force. La loi est un indicateur, elle n'est pas une puissance de vie. Aussi l'Ancien Testament est-il la démonstration que, pour qu'une société puisse vivre selon les normes éthiques et morales requises par Dieu, une transformation du cœur de chaque homme s'impose. Par l'Ancien Testament, la venue du Christ s'impose comme une nécessité. Car, outre le pardon des péchés, le Christ seul, à cause de sa double nature, a le pouvoir de connecter l'homme à la source qui lui permet d'être renouvelé pour vivre selon la vie qui convient à Dieu. La loi vient par Moïse. Mais seul Christ apporte la grâce du pardon et de la vie qui suffit pour la vivre. Béni soit son nom!

3e cas: l'adultère: Deutéronome 22.22

Banalisé aujourd'hui, l'adultère porte dans la loi de Dieu une marque profonde de gravité dans l'échelle des fautes morales commises. L'adultère est grave en ce qu'il est la transgression d'un engagement de fidélité, non seulement entre deux êtres, mais aussi et d'abord face à Dieu. L'adultère est grave en ce qu'il porte atteinte au contrat, à l'institution qui est dans la pensée originelle de Dieu le fondement même sur lequel se construit l'humanité: le mariage: Genèse 2.23-24. Alliance exclusive entre deux êtres, le mariage fait de deux personnes un seul être, une unité scellée physiquement par la relation sexuelle. Hommes et femmes mariés ne s'appartiennent plus. Mais, comme le dit Paul, le corps de l'épouse appartient à l'époux et vice versa: 1 Corinthiens 7.4. Toute union d'un homme ou d'une femme mariée à une autre personne que son conjoint est donc une trahison.

Qui commet l'adultère, dit Salomon, est dépourvu de sens: Proverbes 6.32. Il pèche non seulement contre Dieu, mais contre ce qu'il y a de plus beau et de plus noble dans la vie humaine. Le roi David qui l'a commis témoigne des affres et de l'effet cuisant que sa faute a occasionné à son être intérieur: Psaume 51. Avec justesse, l'Ecriture range l'adultère dans le rayon des folies. Comme pour les autres crimes, la loi condamne les deux coupables de l'adultère à la peine de mort. La grâce que Jésus accordera à la femme adultère de l'Evangile ne contredit pas le verdict de la loi: Jean 8.1-11. Elle offre juste à celle-ci, seule incriminée dans l'affaire, une rémission et la possibilité d'un changement radical de vie.

Que Dieu nous garde de banaliser l'infidélité conjugale! Qu'il nous aide dans nos pensées, nos regards, notre imaginaire à nous discipliner de manière à ce qu'aucune convoitise ne se développe et finisse par se traduire par un acte: cf. Matthieu 5.27-30. Que nulle épouse ne prive son époux de son corps et vice versa: Dieu ne nous a pas fait pour nous-mêmes, mais l'un pour l'autre: 1 Corinthiens 7.5; Proverbes 5.19.

4e cas: infidélité ou viol au temps des fiançailles: Deutéronome 22.23-27

Si la rupture du contrat de mariage pour cause d'infidélité est grave, celle de l'engagement qui lie deux personnes fiancées ne l'est pas moins. Certes, la fiancée n'appartient pas encore à son futur époux. Elle lui est cependant réservée au travers d'une promesse. Elle se doit donc de préserver pour lui sa virginité. Car, s'il ne l'est pas encore dans les faits, son promis est déjà son mari: Matthieu 1.19. Aussi toute relation sexuelle d'une femme fiancée à un autre homme que celui qui lui est destiné équivaut à une tromperie et un adultère. Comme lui, la faute commise dans cet état est passible par la loi de la peine de mort.

Avant d'en arriver là, il convient cependant de déterminer les circonstances dans lesquelles s'est produite la rencontre. Le degré de consentement de la jeune fiancée est la clé du verdict et de la sentence prononcée. Si la rencontre s'est produite en ville, la responsabilité de la jeune fille est engagée. Car celle-ci avait les moyens de crier et de faire appel au secours d'autres personnes pour se sortir de sa situation. Si, par contre, la jeune fille a été agressée dans les champs, il est du devoir de la loi de la disculper totalement. La jeune fille a pu se débattre, crier et ne pas être entendue. L'agresseur seul est ici fautif et coupable de viol. Lui seul subira donc la peine de mort pour son crime.

De tous les cas de rupture de contrat envisagés pour une jeune fille fiancée, un seul échappe à la loi. C'est celui de Marie, mère de Jésus, qui se trouva enceinte, non suite à une relation avec un homme, mais par la vertu du Saint-Esprit: Matthieu 1.18. La cause hors-norme, le traitement de l'affaire le sera aussi. Joseph, son mari, ne la répudiera pas. Suite à une révélation divine, il prendra Marie pour femme et élèvera l'enfant Jésus, qui n'était pas de lui mais de Dieu: Matthieu 1.18-25. Joseph fondera avec Marie une famille nombreuse, de laquelle sortiront plusieurs disciples de Jésus: Matthieu 13.55-56; Galates 1.19; Jude 1. Béni soit Dieu pour l'œuvre qu'il fit dans le cœur de ces deux êtres pour que, par eux, Jésus, le Christ, entre dans l'humanité pour la sauver!

5e cas: une jeune femme vierge libre et abusée: Deutéronome 22.28-29

Le dernier cas envisagé est celui d'une jeune fille vierge non fiancée à qui un homme fait violence. Un double préjudice est à considérer ici. Le premier est l'acte en lui-même assimilé à un viol. Le second consiste dans le fait d'avoir volé pour toujours la virginité de la jeune fille, réservée dans la loi à son futur époux. Au lieu de pénaliser l'auteur du crime commis par la mort, la loi va le contraindre à assumer jusqu'au bout la responsabilité de ses actes. Non seulement, il devra dédommager le père de la jeune fille en lui payant une amende, qui a valeur de dot, mais il aura l'obligation supplémentaire de prendre pour femme la jeune fille qu'il a défloré, sans jamais la renvoyer.

A l'écoute de cette sentence, on pourrait s'étonner de la part belle qui est faite à l'agresseur par rapport à la victime. Notons que lorsqu'elle légifère, la loi ne traite pas de situations idéales, mais bancales. Elle statue non seulement sur ce qui est bien, mais aussi à partir d'un mal commis. La solution envisagée ici n'est pas la plus heureuse. Mais elle est peut-être la moins malheureuse. Elle a pour objet premier la prévention. Que l'agresseur le sache: pour un instant de plaisir forcé, il devra prendre en charge toute sa vie la conséquence de son acte. Quant à la victime, la loi la protège en ne permettant pas qu'elle soit pour toujours tributaire de son malheur. Qui, en Israël, serait prêt à demander à un père la main de sa fille violée? La disgrâce dont serait l'objet la jeune fille toute sa vie serait pire que le pis-aller ordonné par la loi. Agresseur et victime contraints de vivre ensemble, il n'y a plus qu'à espérer, qu'avec l'aide de Dieu, l'homme se repente, la jeune femme pardonne et qu'ensemble, ils apprennent à s'aimer.

Dieu seul, dans sa grâce, est capable de changer le mal en bien: Genèse 50.20.

Un interdit formel: Deutéronome 23.1

Moïse clôt la partie de son enseignement consacré à ces études de cas éthiques pratiques par un interdit formel: celui pour tout Israélite d'aller vers l'une des femmes de son père pour avoir des relations sexuelles avec elle. L'interdit ne vise pas ici l'inceste. La femme évoquée n'est pas la mère (quoi qu'elle puisse être incluse), mais dans le cadre de la polygamie permise à l'époque, l'une des concubines ou épouses de second rang du père. L'interdit ne spécifie pas quelle sanction la loi prévoit pour une telle faute. Ruben, le fils aîné de Jacob, pour l'avoir fait: Genèse 35.22, fut privé par son père de la bénédiction qui lui revenait de droit par sa position: Genèse 49.3-4. Paul, dans le Nouveau Testament, réclama aux Corinthiens que celui qui, parmi eux, avait commis un tel acte soit chassé de l'église et livré à Satan pour être détruit dans son corps: 1 Corinthiens 5.1-5. La gravité du péché commis ne tient pas seulement à son caractère immoral. Elle est aussi dans l'irrespect dont le fils fait preuve envers son père, alors que la loi lui ordonne de l'honorer: Exode 20.12.

Si l'idolâtrie est le péché principal dénoncé par la loi, l'impudicité y occupe aussi une place de choix. Parmi tous, les péchés d'ordre sexuel apparaissent souvent dans l'histoire du peuple de Dieu comme les causes de chute les plus faciles et les plus courantes. Ce que Balak ne réussit pas par la malédiction, il y parvint par la débauche: Nombres 25.1; Apocalypse 2.14. Le péché que Saül ne parvint pas à faire commettre à David par sa haine, la convoitise de la chair et des yeux le produisit: 2 Samuel 11.1-5. De tout ce qui souille l'homme et ce que produit la chair, l'impureté arrive en premier: Marc 7.21-23; Galates 5.19-21. Que Dieu nous donne un cœur toujours plus épris de Christ et de la sainteté: c'est là le seul antidote suffisamment puissant pour nous préserver de ce mal!

Chapitre 23

Personnes exclues de l'assemblée ou autorisées à l'intégrer: Deutéronome 23.2-9

Si Israël comptait en son sein toutes sortes de personnes, tous n'étaient pas autorisés à participer aux assemblées. L'assemblée se décidait par convocation. L'assemblée avait pour objet de réunir devant lui tout le peuple de Dieu. L'assemblée n'était pas la réunion de tous ceux qui étaient en Israël. Elle était l'assemblée du Seigneur, de ceux que Dieu pouvait reconnaître et admettre dans sa présence. De manière précise, Moïse désigne ici trois types de personnes exclues par nature de l'assemblée avant d'en indiquer deux que Dieu autorise à la fréquenter:

1er type: les hommes dont les parties sexuelles ont été abîmées

La cause de l'interdit formulé ici peut surprendre. En quoi le handicap ou la malformation citée sont-ils disqualifiant pour se joindre aux assemblées du peuple de Dieu? Nous ne pouvons le comprendre si nous ne saisissons pas le critère de qualité exigé, sous la loi, pour être de l'assemblée de l'Eternel. Ce critère était celui de la perfection. Rien dans l'assemblée ne devait heurter par son imperfection le regard de Dieu. La perfection exigée dans la loi était d'abord extérieure. Elle s'attachait à ce qui frappait au premier regard. Si la malformation citée ici concerne les gens du peuple, des exigences plus draconiennes s'appliquaient aux prêtres, fils d'Aaron: Lévitique 21.16-24. C'est une chose sainte, sérieuse, solennelle de se présenter sur son appel devant Dieu. Sommes-nous sûrs que rien dans nos cœurs, nos vies, notre conduite ne heurte son regard?

2e type: le bâtard ou fils naturel

La cause de l'interdit formulé ici a la même raison que celle du premier type. Un bâtard n'est pas un Israélite pur. Il est le produit d'une union illicite, hors-mariage ou entre un Israélite et une étrangère. Sa présence parmi le peuple de Dieu n'est pas le fruit d'une affiliation naturelle mais anormale. Le critère de qualité n'étant pas rempli, il ne peut participer aux assemblées du peuple de Dieu. La loi va d'ailleurs à son sujet plus loin qu'au traitement de son propre cas. A cause de ses origines mélangées, l'interdit s'applique aussi à tous ses descendants.

Si la loi exclut, la grâce intègre. Plusieurs exemples et promesses de l'Ecriture l'annoncent d'avance: Esaïe 56.8. La généalogie de Jésus en témoigne, lui qui est fils de Rahab, de Ruth la Moabite, et de l'union de David et Bath-Shéba, la femme d'Urie: Matthieu 1.5-6. En Jésus-Christ, il y a une place dans la maison de Dieu pour tous les exclus, les imparfaits ou tous ceux qui ont pris dans la vie un mauvais départ. Tous, sans exception, peuvent être sacrificateurs et prêtres de Dieu pour le service: 1 Pierre 2.5.

3e type: l'Ammonite et le Moabite

L'interdit a pour cause les mauvaises dispositions dont les descendants de Lot, le neveu d'Abraham, que sont Ammonites et Moabites (Genèse 19.36-38) ont fait preuve à double reprise à l'égard des Israélites dans leur exode vers le pays de Canaan. Le premier reproche qui leur est fait touche au manquement dont ils se sont rendus coupables envers leurs frères de sang sortant de la captivité. Alors que l'Israélite, leur cousin, quittait l'Egypte pour le désert, il n'y eut de la part de l'Ammonite et du Moabite ni geste, ni initiative de compassion et de soutien envers lui. Les fils de Lot ont agi envers les fils d'Abraham comme si aucun lien de sang n'existait entre eux, manquant à leurs devoirs les plus élémentaires. Plus grave encore! Dépassant leur inertie, le Moabite et l'Ammonite se sont mobilisés pour maudire Israël, en faisant appel au devin Balaam. Du manquement coupable, on est passé ici à l'opposition choisie. Par la puissance de Dieu, le projet capota. La mémoire cependant subsiste. Dieu a pris acte de leur position. Désormais, Ammonites comme Moabites doivent être considérés et traités par Israël pour toujours comme des ennemis. Aucun d'eux ne devra entrer jusqu'à la dixième génération dans l'assemblée de l'Eternel.

La faute première commise par les Ammonites et les Moabites envers les Israélites nous rappellent à nos devoirs envers ceux avec qui nous sommes liés par le sang. Si la vraie famille du croyant est d'ordre spirituel: Matthieu 12.46-50, Paul affirme que le disciple de Christ qui ne prend pas soin des siens est pire qu'un infidèle: 1 Timothée 5.8. Si les liens spirituels avec la famille de Dieu prévalent sur les liens naturels, ceux-ci ne disparaissent pas pour autant. En conflit plusieurs fois avec sa mère, Jésus ne manquera pas sur la croix de la confier à Jean, son disciple le plus proche, pour qu'il prenne soin d'elle: Jean 19.26-27. Que son exemple nous aide à ne pas manquer à notre devoir d'amour le plus élémentaire envers nos proches.

4e type: l'Edomite

Descendant d'Esaü, frère de Jacob: Genèse 36.1, les Edomites étaient, par le sang, encore plus proches des Israélites que les

Ammonites et les Moabites. Bien que le roi d'Edom ait fait preuve d'une attitude hostile envers Israël à la sortie d'Egypte: Nombres 20.14-21, la porte de la communauté ne leur sera pas fermée. Après trois générations, les fils d'Edom pourront entrer dans l'assemblée du Seigneur.

La mesure divine souligne à quel point le passé d'un peuple pèse sur son devenir. Les positions prises par les dirigeants d'un peuple ou d'une nation à l'égard du peuple de Dieu à un moment donné ne sont pas sans lendemain. Elles conditionnent pour beaucoup la mesure de bénédiction qui lui sera accordé de la part de Dieu pour l'avenir. L'Ammonite et le Moabite, qui ont cherché à détruire Israël, voient leur accès à la communauté du peuple de Dieu fermé. Les Edomites, qui se sont limités à refuser l'entrée sur leur territoire à Israël, sont juste l'objet d'une mesure de pénitence. Le peuple de Dieu sert pour Dieu de test par lequel il juge de l'attitude des peuples et des nations à son égard. Que nous-mêmes en soyons conscients et ne donnions pas à nos contemporains de bonnes raisons de le rejeter!

5e type: l'Egyptien

Pour tout Israélite du temps de Moïse, l'Egypte ne peut être évoquée sans éveiller dans la mémoire les souvenirs les plus douloureux. Parler de l'Egypte à un Israélite de cette période revient à demander à un juif d'aujourd'hui de se projeter à l'époque du nazisme. L'Egypte, c'est la maison de servitude: Exode 1.13; 2.23; 6.5-6, le lieu de l'esclavage le plus cruel, la prison de la souffrance gratuite. L'Egypte, pire cauchemar du passé des Israélites nouvellement affranchis, on pourrait s'attendre à ce que l'accès pour l'Egyptien à la communauté du peuple de Dieu fasse l'objet des interdits les plus sévères. Il n'en est rien.

La seule chose commune que Dieu retient entre l'Israélite et l'Egyptien est que tous deux savent ce que cela signifie que de vivre en étranger sur une terre qui n'est pas la leur. En vertu de ce statut, l'Eternel invite donc l'Israélite à faire bon accueil à tout Egyptien désireux de se rattacher à la communauté vivante du peuple de Dieu.

La différence notoire de traitement que Dieu fait entre l'Egyptien et l'Ammonite ou le Moabite sur le même sujet interpelle. Elle révèle le fait que si Dieu peut se montrer indulgent et plein de grâce envers ceux qui n'ont aucun lien avec son peuple, celui-ci est beaucoup plus sévère lorsqu'il s'agit de traiter des comportements et des attitudes mauvaises de la part de ceux qui sont frères. Là où un lien de fraternité existe, l'amour et l'accueil sont de mise. Là où il manque, les péchés des étrangers, si graves ont-ils été, doivent être remis. Que Dieu me donne de me souvenir que je me dois à mes frères, en termes d'amour, plus encore qu'à ceux qui ne le connaissent pas!

La pureté dans le camp: Deutéronome 23.10-15

Isolé au milieu de peuples hostiles, Israël ne pouvait éviter la guerre. Si les autres peuples s'appuyaient sur leurs dieux ou la force de leur armée, le souci premier d'Israël en campagne devait être de s'assurer que rien d'inconvenant ne heurte le regard saint de Dieu au milieu de lui. Israël pouvait être bien armé, seule la présence de Dieu avec lui garantissait la victoire. Pour être effective, le camp du peuple de Dieu devait être exempt de toute impureté. Une situation particulière et une mesure d'ordre pratique sont ici évoquées de manière préventive à ce sujet: le cas envisagé est celui d'un homme qui, dans la nuit, suite peut-être à un rêve, aurait vécu une éjaculation involontaire. Bien qu'accidentel, l'épisode n'équivaut pas moins à une souillure. Pour ne pas porter préjudice à la sainte présence de Dieu, l'homme impur devra sortir du camp une journée, se laver sur le soir et ne revenir que la nuit tombée. Pour un jour, il ne pourra être avec ses frères pour combattre.

La mesure d'ordre pratique touche aux besoins naturels. Aucune trace quelconque d'excrément ne devait paraître à la surface du camp. Deux ordonnances réglaient le problème. Un lieu à part serait réservé pour satisfaire le besoin de chacun. Chaque Israélite devait s'équiper d'une pelle pour enfouir ses déjections.

L'évocation de telles considérations humaines peut choquer. Leur mention dans la loi souligne cependant deux choses. La première est qu'il n'y a chez Dieu, à propos de la condition humaine, aucun sujet tabou. Dieu est prêt à parler de tout avec nous, des choses les plus élevées au plus triviales. La seconde est que rien n'est sans importance pour Dieu. Si Dieu doit être avec moi, les plus petits détails de ma vie diurne et nocturne doivent pouvoir supporter son regard. Que par sa grâce, les fautes de mes jours et de mes nuits soient mises à la lumière et purifiées!

Deutéronome 23.16-26: cas de figure divers

Toujours dans le cadre de la mise en pratique de la loi de Dieu, Moïse poursuit l'énoncé de ses instructions en abordant de manière successive divers points appelés à régler des cas de figure concrets.

Le cas de l'esclave en fuite: Deutéronome 23.16-17

Le premier cas touche à la situation d'un esclave qui, pour des raisons qui ne sont pas précisées, s'est enfui de la maison de son maître pour se réfugier chez quelqu'un d'autre. La loi de l'amour et de l'accueil ordonne ici que le préjugé joue en faveur de l'esclave en fuite plutôt qu'en celle de son maître. Le départ précipité de l'esclave doit être perçu par celui qui le voit arriver à sa porte comme un appel à l'aide, une occasion concrète de mise en œuvre du second commandement de la loi. La prescription est donc claire: l'Israélite chez qui l'esclave est venu se réfugier a le devoir de l'accueillir, de le garder et de le sauver ainsi de son ancienne condition. Il sera désormais chez son hôte comme chez lui. Les exigences de l'amour imposent cependant que les choses ne s'arrêtent pas là. Elles doivent aller encore plus loin. Non seulement l'hôte se doit d'accueillir l'esclave, mais il devra pour lui-même se refuser de voir en lui une aubaine: une main d'œuvre gratuite facilement corvéable. L'esclave venu frapper à sa porte est le prochain de celui qui l'accueille, non une source de profit.

L'ordonnance prescrite ici dépasse le cadre humain. Elle témoigne de l'attitude qui est celle de Dieu face à tout homme désireux de s'affranchir de la férule de Satan, le maître cruel sous lequel il vivait: Actes 26.18. Nulle crainte que, frappant à la porte de Dieu, les fugitifs du camp de Satan ne soient repoussés. Dieu ne rejette personne qui vient à lui pour changer de maître: Jean 6.37. Aspirant à la liberté, c'est en être libre que Dieu nous reçoit et nous appelle à vivre dans sa maison: Galates 5.1. Veillons donc à le rester!

Aucune autre parabole que celle du bon samaritain, racontée par Jésus, ne décrit aussi bien en détails ce qu'aimer son prochain signifie: Luc 10.25-37. Nous n'aimons réellement les autres que lorsque nous faisons envers eux ce que nous aimerions que l'on fasse pour nous dans les mêmes circonstances. L'histoire de Philémon, racontée dans l'épître qui porte son nom, est une illustration vivante du cas traité ici. Que Dieu nous donne l'intelligence pratique d'aimer notre prochain comme nous-mêmes!

La question de la prostitution: Deutéronome 23.18-19

La seconde question abordée est celle de la prostitution. Pratique courante dans les cultes des peuples idolâtres qui entouraient Israël, la prostitution sacrée et les gains qu'elle rapporte sont incompatibles avec l'adoration du Dieu saint qu'est le Dieu d'Israël. La pratique de la prostitution sacrée dans les cultes anciens n'était pas une question de débauche. Elle faisait partie intégrante du culte des dieux de la fertilité auxquels s'adonnaient les peuples païens autour d'Israël. Le don de son corps était une forme de tribut, d'offrande aux divinités par lequel, en retour, on espérait les bienfaits. Outre son caractère immoral, le principe même de la prostitution sacrée est antinomique à la forme de relation que le peuple de Dieu a avec lui. La prostitution sacrée est un acte religieux par lequel on achète la faveur d'un dieu. Or, quel que soit le prix offert, la faveur du Dieu d'Israël ne peut être achetée. Elle est donnée à son peuple par grâce, en vertu de sa seule bonté. Le salaire de la prostitution sacrée, en guise de monnaie d'échange pour l'achat de ses faveurs, ne peut être perçu de sa part que comme un double affront: à sa sainteté d'abord, puis à son amour. Moïse est clair sur le sujet: toute pratique et tout gain de cette espèce doivent être honnis du culte du Dieu d'Israël!

Le prêt à intérêt: Deutéronome 23.20-21

Le 3e thème touche à la place de l'argent dans les relations entre frères. Comme l'aide et le secours de Dieu pour son peuple sont gratuits, dénués de tout intérêt, il ne doit y avoir aucune espèce d'usure entrant en ligne de compte dans le service rendu entre frères. Le lien fraternel est aux yeux de Dieu un lien supérieur à tout autre. Etre frères, c'est être rattaché les uns aux autres, que ce soit sur le plan naturel ou spirituel, par un lien d'amour. Or, l'amour réel, authentique, ne peut s'exprimer que d'une manière: par la gratuité. Celui qui aime est pour toujours porteur d'une dette. Il se doit aux autres: Romains 1.14-15, contrairement au mercenaire pour qui seul le profit, ce qu'il peut tirer des autres, compte: Jean 10.12

Si le prêt à intérêt est interdit entre frères, la loi le permet avec l'étranger. La nature du lien qui existe entre le frère et l'étranger sera toujours différente. Si le devoir d'aimer l'étranger est ordonné par la loi, le lien naturel de l'amour n'existe pas entre lui et celui qui est membre de la communauté du peuple. L'étranger reste l'autre, celui qui est au-dehors du cercle familial. Notons que si le prêt à intérêt est autorisé avec l'étranger, il n'est pas imposé. L'Israélite est libre de traiter avec l'étranger comme il l'entend. Il peut agir envers lui comme il le ferait pour un frère ou non.

Béni soit Dieu qui, par Jésus, ne nous a pas traités, dans son amour, comme des étrangers. Nous qui n'étions pas son peuple le sommes devenus: Romains 9.25-26. Nous qui étions étrangers à sa nature, il nous a réconciliés avec lui par la mort de son Fils: Ephésiens 2.1-2, 4-5, 18. Il a fait de nous des fils ayant part aux mêmes avantages et privilèges que l'Unique: Galates 4.6-7. Que son amour pour nous nous pousse à agir envers notre prochain, quel qu'il soit, comme il a été avec nous: Luc 10.25-37.

Question de vœux: Deutéronome 23.22-24

Le 4e sujet se rapporte aux vœux que nous faisons à Dieu. Aux yeux de Dieu, tout vœu a valeur d'engagement. Le premier qui, dans la Bible, s'est lié à Dieu par un vœu est Jacob: Genèse 28.20. Le patriarche est alors face à l'inconnu. Quittant sa famille pour se rendre chez Laban, le frère de sa mère, il ne sait ni ce qui l'attend, ni combien de temps il devra être séparé des siens. Seul, il n'a pour soutien que la promesse de Dieu, donnée sous la forme d'une vision, d'être avec lui: Genèse 28.10-15. Fort de l'engagement de la fidélité de Dieu, Jacob s'engage à son tour envers lui. Il promet à Dieu que, si Dieu manifeste qu'il est avec lui tout au long du parcours qui s'ouvre à lui, alors lui, Jacob, le trompeur, fera de l'Eternel son Seigneur.

Dieu n'oubliera jamais le vœu de Jacob fait au début de son voyage. Alors que, des années plus tard, il revient vers Esaü plein des bénédictions que Dieu lui a données, Dieu lui fixe un rendez-vous nocturne au cours duquel il revendique l'accomplissement de son vœu. L'heure est venue pour Jacob d'être brisé et pour Dieu de régner sur lui: Genèse 32.23-33.

Un vœu est une parole, un engagement qui ne doit jamais être fait à la légère: Ecclésiaste 5.4-5. C'est pourquoi il est préférable de ne pas en faire plutôt que d'en faire un et de ne pas le tenir. Au jour du jugement, a dit Jésus, les hommes rendront compte de toute parole inutile qu'ils auront proférée, y compris de leurs vœux insensés: Matthieu 12.36. Un vœu est insensé lorsqu'il repose sur une illusion, de la part de celui qui l'émet, à propos de ses capacités de le tenir. Le vœu de Jacob avait sa source non en lui-même, mais dans la promesse du soutien de Dieu pour lui. Tout vœu qui ne s'enracine pas en Dieu et sa force ne peut qu'échouer. Que Dieu nous donne une conscience aiguë de la valeur de nos paroles et de nos engagements devant lui!

Respect de la propriété d'autrui: Deutéronome 23.25-26

Le cas abordé ici traite de l'équilibre nécessaire à trouver en société entre le droit de propriété légitime que possède une personne sur un bien et son usage par un tiers. Tout bien que possède une personne lui appartient. Aussi toute utilisation de ce bien par un tiers pour un profit personnel ne doit-il se faire que dans des limites précises. Dans les cas évoqués, celui d'une vigne ou d'un champ, le droit est accordé au tiers de cueillir des raisins ou tout autre produit pour une consommation personnelle sur place. Toute cueillette qui serait faite pour être emportée dans un récipient tombe sous le coup de l'abus.

Outre la jurisprudence qu'elle ordonne, la mesure prescrite témoigne de la grande sagesse qui la motive. Par l'autorisation qu'elle donne, elle apprend au propriétaire à ne pas être pingre au point de s'approprier de manière exclusive le bien qu'il possède. Par les limites qu'elle impose, elle garde le tiers d'une utilisation abusive d'un bien pour lequel un autre a œuvré. La mesure oblige le capitaliste à intégrer un versant social dans la gestion de son bien tout en protégeant le socialiste de l'exploitation abusive du riche pour ses propres fins. Rien n'est supérieur à la sagesse de Dieu pour donner aux hommes la capacité du bien vivre ensemble!

Chapitre 24

Directive sur la répudiation: Deutéronome 24.1-4

La situation abordée ici touche à la condition de la femme. Si la volonté originelle de Dieu est que l'homme qui épouse une femme ne se sépare pas d'elle: Genèse 2.24; Matthieu 19.6, l'Ecriture envisage le cas possible d'une répudiation de celle-ci pour une faute antérieure commise et ignorée du mari. Ayant appris qu'elle était enceinte, Joseph, fiancé de Marie, a songé un temps avoir recours à cette procédure: Matthieu 1.19. Comme toute autre personne en Israël, la femme répudiée bénéficiait d'une protection juridique. Une attestation de rupture, écrite de la main du mari, était remise à la femme qui quittait alors le domicile familial. Munie de cette lettre de divorce: Matthieu 5.31, la femme répudiée était libre de se remarier. Si tel est le cas, la loi stipule qu'il sera désormais impossible au premier mari de la reprendre un jour comme femme, au cas où elle serait à nouveau répudiée ou deviendrait veuve.

Dieu traite chacun de nous en personne responsable de ses choix. Reprendre ce que nous avons un jour rejeté comme inconvenant, c'est quelque part revenir à ce que nous avons vomi: cf. 2 Pierre 2.20-22. Il ne faut pas qu'il en soit ainsi. A la tolérance de la rupture, Dieu interdit que se greffe la souillure du péché. Maris et femmes ne sont pas des objets que l'on prend, puis que l'on jette pour les adopter à nouveau. La relation intime entre eux est ce qu'il y a de plus profond, le moment où, de deux qu'ils étaient, ils ne font plus qu'un: Marc 10.8. Cette unité est à priori indissoluble. Mais une fois dissoute, elle ne peut plus être refaite. Que Dieu nous donne de vivre pleinement tous les choix que nous faisons dans nos vies!

Mesure en faveur des jeunes mariés: Deutéronome 24.5

La mesure énoncée ici en faveur des jeunes mariés est le pendant de celle prescrite plus haut en faveur d'un jeune homme fiancé dans le cadre des exemptions au service militaire: Deutéronome 20.7. Il y a des moments où la considération de la situation d'une personne prévaut sur les besoins même de la nation. Le service de la nation ne prime pas sur l'individu au point de le priver de son droit à jouir du bonheur le plus fondamental qu'il possède: celui de réjouir la femme qu'il vient de prendre et de poser ensemble les bases de leur vie future.

Alors que la mondialisation devient le maître mot de la construction politique actuelle, se pose la question de savoir où et comment les droits de l'individu pourront encore être pris en compte. La mesure prescrite ici témoigne de la sensibilité de Dieu pour la personne humaine. Si l'esprit collectif d'une nation ou d'un ensemble est vital pour la bonne marche de ceux-ci, il ne doit pas être totalitaire au point d'éclipser les cas particuliers. L'équilibre entre les deux impératifs, le collectif et l'individuel, doit être trouvé. La justice exige de l'individu qu'il soit, en temps normal, prêt à sacrifier son intérêt, son confort et son aisance personnels pour la défense de ceux de son peuple. Dans des cas particuliers, la justice a aussi le devoir de protéger l'individu contre les abus de pouvoir dont pourrait faire preuve le système.

La mesure prescrite ici ne justifie pas, selon ce que certains prétendent, que le jeune marié croyant soit exempté pour un an de toute charge spirituelle dans sa vie d'église. Le penser serait aller bien au-delà du texte. Le danger évoqué ici est celui de la perte de la vie, perte qui ferait que les jeunes époux seraient à jamais privés de la joie de leur union sans avoir eu le temps de la connaître. L'enjeu pris en compte ici n'est pas une caution à la paresse. Pour autant, il n'est pas dénué de bon sens pour le jeune couple nouvellement formé. Il y a des priorités qui ne doivent pas être manquées, sous peine d'être préjudiciable à l'avenir. Que Dieu nous donne sagesse pour privilégier dans nos vies l'intérêt communautaire tout en ne négligeant pas la valeur et le bonheur familial.

La question des gages: Deutéronome 24.6, 10-13

Donné par un emprunteur à un prêteur, le gage est un objet remis pour garantir le paiement d'une dette. Déjà en difficulté financière, l'emprunteur se devait d'être protégé par la loi pour que la situation de précarité ou de vulnérabilité dans laquelle il se trouvait ne conduise pas à mettre en danger sa vie.

La loi fixe ici deux limites au pouvoir du prêteur sur l'emprunteur:

* 1re limite: le gage emprunté ne devait jamais ôter à l'emprunteur l'outil de travail qui lui permettait de vivre. Le prêteur a droit d'exiger une garantie pour le prêt qu'il accorde. Mais l'exigence ne doit jamais conduire à mettre en péril la vie et l'avenir de l'emprunteur. Le prêt est accordé en vue d'aider le prochain et non de l'enfoncer davantage dans ses difficultés.

* 2e limite: la pauvreté de certains peut être telle qu'ils soient contraints de se défaire de ce qui est vital pour le donner en gage: vêtement, lit, couvertures... La décence et l'amour veulent que cet emprunt soit nécessairement limité dans le temps. Le prêteur veillera donc à s'enquérir auprès de l'emprunteur du fait que le gage qu'il lui donne ne le prive d'une nécessité vitale. Si c'est le cas, il le lui rendra au moment où il en aura besoin.

Au-delà du matériel, la loi a voulu prendre en compte la dignité de la personne qui emprunte. En aucun cas, la pauvreté n'a à gommer cette dimension. Un être humain reste un être humain, créé à l'image de Dieu, quel que soit le niveau social auquel il appartient. En complément des articles déjà cités, la loi refuse au prêteur le droit d'entrer dans la maison de l'emprunteur pour décider de ce qu'il prend en gage. Même pauvre, l'emprunteur a droit à un espace privé sur lequel sa souveraineté s'exerce pleinement. Cette préoccupation de la dignité intrinsèque de la personne humaine témoigne une fois de plus à quel point notre Dieu est pratique dans l'application des principes élevés qui sont à l'origine de la création de l'homme. Qu'il nous donne de nous en souvenir dans tous nos rapports mutuels.

Le rapt: Deutéronome 24.7

Il est des actes et des délits en Israël pour lesquels aucune indulgence n'est possible. Parmi ceux-ci se trouve le rapt, l'enlèvement d'un frère à des fins d'exploitation ou financières. Pour l'auteur d'un tel acte, une seule sanction s'impose: la mort. Quelle que soit la forme qu'il prend, le trafic d'êtres humains est aux yeux de Dieu un crime inexpiable. Le pratiquer, c'est porter atteinte à ce qui fait la dignité même de l'homme ou de la femme: des êtres créés à l'image de Dieu.

Le décret de la condamnation à mort d'un ravisseur clôt dans le livre une série de sept crimes pour lesquels la même sentence est requise. Outre le cas présent, elle concerne le faux prophète: Deutéronome 13.6, l'idolâtre: Deutéronome 17.3, le rebelle aux autorités établies: Deutéronome 17.12, le fils indocile: Deutéronome 21.20-21, la fille qui se prostitue dans la maison de ses parents: Deutéronome 22.21, les personnes adultères: Deutéronome 22.22, 24. Combien sont graves aux yeux de Dieu nos péchés spirituels et sociaux. Tous, d'une manière ou d'une autre, portent atteinte au cœur même de la loi royale: aimer Dieu de tout son cœur, sa force et sa pensée et aimer son prochain comme soi-même: Matthieu 22.34-40; Jacques 2.8.

La lèpre: Deutéronome 24.8-9

Il est toujours bon d'apprendre de l'histoire. Les biographies d'hommes et de femmes que nous rapporte la Bible ne s'y trouvent pas par hasard. Elles sont écrites pour notre instruction. Elles servent de modèles pour notre bien ou d'avertissement pour notre protection. A ce sujet, Moïse rappelle le cas de lèpre survenu à sa sœur Miriam, après sa révolte commune avec Aaron contre Moïse: Nombres 12.1-10. Moïse suggère ici que les cas de lèpre qui peuvent se produire au milieu du peuple ne sont pas toujours fortuits. Comme l'invasion des Madianites aux jours du juge Gédéon (Juges 6.1-10), la lèpre est un problème apparent qui en cache un plus profond, touchant directement la relation avec Dieu.

Parce qu'il pouvait en être ainsi, les cas de lèpre qui se produisaient parmi le peuple ne devaient pas être traités comme une simple maladie. Ils exigeaient de celui qui en était atteint une consultation auprès des prêtres-Lévites. Un diagnostic médical et spirituel devait être posé. Une procédure particulière, longuement décrite en Lévitique 13; 14, devait être suivie. Elle pouvait valoir, pour celui qui en était atteint, l'exclusion temporaire ou définitive de la communauté. Les effets de la lèpre dans la communauté des Israélites sont comparables à ceux du péché dans la communauté chrétienne: 1 Corinthiens 5.9-13. Là où il se développe et ne se guérit pas dans une vie, il ne peut coexister avec l'amour, la justice et la vérité.

Dans le cas de Miriam, la lèpre est survenue suite à une mise en question de l'autorité donnée par Dieu à Moïse. L'avertissement de Moïse ici induit-il l'idée que c'est ce type de problème qui introduit surtout la malédiction de la lèpre dans l'assemblée? L'histoire biblique révèle deux choses. La première est que ce type de rébellion fut celui auquel Moïse dut faire face le plus souvent. Il fut aussi celui qui causa les plus grands dégâts parmi le peuple: Nombres 16. La seconde est que, sur les deux cas de lèpre subite rapportés par l'Ecriture, l'orgueil, la rébellion contre l'autorité en furent la cause: 2 Chroniques 26.16-20. Que Dieu nous donne d'apprendre des leçons de vie rapportées par sa Parole!

Justice envers les salariés: Deutéronome 24.14-15

Comme dans toute société, la communauté d'Israël comptait des pauvres et des riches. Les pauvres étaient soit des Israélites, soit des étrangers. Propriétaires terriens, les riches aidaient les pauvres en les employant comme main d'œuvre pour divers travaux. Employeurs de travailleurs dépendant d'eux pour leur survie, les riches pouvaient être tentés d'exploiter outrageusement les pauvres pour leur propre intérêt. L'ordonnance énoncée ici par Moïse à ce sujet joue un double rôle. Elle défend en premier le droit du pauvre. En application du second commandement, elle impose à tout employeur de donner le soir même au pauvre le salaire de sa journée de travail. Elle protège en second le riche de lui-même. Le risque est toujours grand pour tout homme d'abuser de sa position de force ou d'autorité pour opprimer ou exploiter les plus faibles. La loi fixe un cadre qui coupe court à toute exaction.

Outre la loi, c'est par-dessus tout le Seigneur que devrait craindre le riche. L'apôtre Paul le dit aussi: Ephésiens 6.9. Le pauvre lésé n'est pas sans ressource. Il a à sa disposition l'arme la plus redoutable qui soit: la prière. Or, Moïse l'affirme: Dieu ne manquera pas de prendre en compte les cris des salariés abusés: Jacques 5.1-4. L'employeur qui exploite un ouvrier ne pèche pas seulement contre lui, mais contre Dieu à qui il devra rendre compte. Quelle que soit notre position, que Dieu nous aide à être juste et nous garde de tout abus de pouvoir!

Responsabilité personnelle: Deutéronome 24.16

Quoi que les membres d'une même famille soient liés par le sang, la loi stipule ici que chacun assumera pour lui-même la responsabilité de ses fautes. Les pères ne mourront pas à la place des fils et vice versa. Pour être impartiale, la justice se doit d'éviter tout amalgame malheureux. Aucun proche de l'auteur d'un délit, quel que soit le degré de proximité qui l'attache à lui, n'a à payer avec lui ou pour lui.

Il y a dans l'histoire une seule exception à cette règle. Alors que nous étions dignes de mort à cause de nos fautes, notre Père céleste a chargé son Fils unique, Jésus, de mourir à notre place. Innocent, juste, il s'est offert lui-même en sacrifice comme substitut pour nos péchés. Aux yeux de la loi, il a été mis au rang des coupables. La condamnation qui pesait sur nous a été mise sur lui... si bien, dit l'apôtre, qu'il n'y a plus aucune condamnation pour ceux qui sont en Jésus-Christ: Romains 8.1. La loi interdisait à des proches de mourir l'un pour l'autre. Jésus, quant à lui, n'est pas mort pour des amis, mais pour des ennemis. Y a-t-il grâce plus merveilleuse que celle-ci?

Mesures en faveur des pauvres: Deutéronome 24.17-22

A plusieurs reprises, le Deutéronome souligne à quel point les pauvres, les démunis, les étrangers et toute autre personne vulnérable sont l'objet de la compassion de Dieu. Le pauvre devait être l'objet de la générosité du plus riche: Deutéronome 15.11, l'étranger celui de l'amour de l'autochtone: Deutéronome 10.19, la veuve et l'orphelin les sujets de l'aide sociale de la communauté: Deutéronome 16.11. La mesure prescrite ici va dans le même sens. Elle diffère cependant des précédentes sur un point. Toutes les mesures édictées par la loi jusque-là en faveur des personnes les plus faibles faisaient appel au volontarisme. Ici, la loi ordonne aux Israélites un principe permanent de charité. Il devait être acquis pour chacun que la communauté des Israélites forme un tout au sein de laquelle une place automatique devait être faite aux plus vulnérables. Toute récolte devait induire ce principe. Les bienfaits que Dieu donne par sa création ne doivent pas profiter uniquement aux propriétaires des terres sur lesquelles ils se produisent. Ils sont aussi le moyen par lequel Dieu lui-même nourrit et pourvoit aux besoins vitaux des nécessiteux. A cette fin, un reste devait donc subsister après chaque récolte. La gerbe de blé oubliée ne devait pas être recherchée. Les olives restées sur l'arbre après qu'il ait été secoué ne devaient pas être cueillies, de même que les grappes sur les ceps après la vendange.

Il nous arrive certainement de nous demander comment nous pouvons aider les plus démunis. La mesure prescrite ici donne la réponse. L'obstacle premier à l'entraide au pauvre est la cupidité. Alors que nous avons assez pour nous-mêmes, il suffit souvent de peu pour pourvoir aux besoins vitaux des autres. Le renoncement ne porte pas sur l'essentiel, mais sur le trop et le superflu. Bien que préoccupé des besoins des plus faibles, jamais la loi de Dieu ne prône à ce sujet un principe d'égalité. Celui qui a semé a le droit de récolter et de s'enrichir. Ce que la loi exige, c'est que, dans la joie de la récolte, le principe de charité devienne un automatisme. Il faut que dans le cœur de chacun le partage et le don aux plus faibles soient si intégrés que la joie que procure la bénédiction de Dieu en soit une pour tous. Que Dieu nous donne d'adopter ce principe permanent de charité dans nos vies!

Chapitre 25

Equité dans les jugements: Deutéronome 25.1-3

Cahier des charges du peuple de Dieu, le livre du Deutéronome a pour objectif de manifester, au travers des mesures pratiques qu'il énonce, les différentes facettes du caractère de ce Dieu auquel Israël appartient. Le Dieu d'Israël est un Dieu saint: son regard ne supporte la vue d'aucune souillure: exemple: Deutéronome 23.10-15. Le Dieu d'Israël est un Dieu de grâce: sa miséricorde oblige chacun à faire preuve de générosité, d'accueil et de compassion à l'égard des plus vulnérables et des plus démunis: exemple: Deutéronome 24.17-22. Le Dieu d'Israël est un Dieu juste: le cas évoqué ici le rappelle. Le Dieu d'Israël ne tolère pas que le coupable soit innocenté et l'innocent accusé. Chacun doit être reconnu face à la justice pour ce qu'il est.

Caractérisé de diverses manières, le Dieu d'Israël est cependant un tout inséparable. La grâce de Dieu n'exclut ni sa justice, ni sa sainteté. De même, sa justice ne s'exerce jamais de manière aveugle. Quelle que soit la mesure qu'elle propose, elle prend toujours en compte la dignité de la personne qui la concerne. Le but de la justice est que le délit soit puni en proportion de sa gravité. Au-delà de la faute, elle se doit de se préoccuper aussi de l'avenir de la personne coupable. La justice de Dieu n'a pas pour objet d'être humiliante. La mise à l'index de la personne doit être temporaire et le châtiment imposé comporter des limites: quarante coups, précise ici la loi, est le nombre à ne jamais dépasser: cf. 2 Corinthiens 11.24. Considération envers le coupable et sanction pour la faute commise ne sont pas incompatibles dans l'exercice de la justice.

Quelle que soit la nature de la mesure de discipline que nous ayons à prendre dans l'église, souvenons-nous, au-delà de la sanction, que l'objectif visé est le rétablissement ou la réhabilitation du coupable. Aussi grave que fut le délit de Caïn, Dieu veilla à ce que personne ne prenne prétexte de son crime pour exercer envers lui une quelconque haine: Genèse 4.15. Autant la discipline est importante, autant le pardon l'est aussi dans la communauté: 2 Corinthiens 2.5-7. Que Dieu nous donne, à son exemple, de manifester en un tout inséparable toutes les vertus qu'il nous appelle à incarner ensemble dans la communion avec lui.

Considération pour le bœuf: Deutéronome 25.4

Primordiale envers les hommes, la considération est aussi une vertu que Dieu demande aux Israélites de pratiquer envers le bœuf. Animal domestique, le bœuf était au cœur de l'économie du pays. Mis à part le fait qu'on consommait sa chair et qu'il servait aux sacrifices offerts à Dieu, le bœuf servait d'animal de labour: 1 Rois 19.19 et de trait: Nombres 7.3. On l'utilisait aussi pour fouler le grain. La participation du bœuf était si importante à la vie quotidienne pratique du peuple de Dieu qu'un peu de considération à son égard ne pouvait être de trop.

Une occasion toute indiquée fut désignée pour la lui manifester: le moment du foulage du grain. Alors que le bœuf piétinait le grain pour le séparer de l'épi, la loi ordonnait de ne pas le museler. Le bœuf pouvait ainsi à son gré s'arrêter pour consommer la précieuse céréale qu'il contribuait à récolter par son travail. Museler le bœuf à cette occasion aurait pu se faire. La mesure l'aurait empêché de céder à la tentation de se nourrir du grain. Elle aurait surtout été, au regard de Dieu, une preuve de cruauté et d'ingratitude envers l'animal.

Appliquée au bœuf, la considération minimale que la loi ordonne envers l'animal va servir d'argument à l'apôtre Paul pour défendre auprès de ses frères l'idée logique selon laquelle il est juste que tout serviteur de Dieu vive de son travail: 1 Corinthiens 9.9-10. Il est parfois étonnant, argumente l'apôtre, de voir à quel point ce que l'on trouve évident pour une profession séculière soit étrange lorsqu'il s'agit de l'œuvre de Dieu. Qui ferait l'armée à ses propres frais? Quel vigneron ne mangerait du raisin de sa propre vigne? Quel paysan ne se nourrirait du lait de son troupeau? (1 Corinthiens 9.7). Ce droit reconnu aux autres, certains le contestaient aux apôtres. Ils estimaient que leur travail n'en était pas véritablement un. La considération minimale dont le paysan faisait preuve pour le bœuf ne leur était pas accordée. Rassurons-nous cependant! Dieu n'est pas ingrat. Il n'oublie pas la peine, ni aucun des travaux que ses enfants et ses serviteurs ont accompli pour lui: Hébreux 6.10. A ses yeux, tout ouvrier mérite son salaire, ceux surtout qui mettent leur cœur à l'ouvrage: 1 Timothée 5.17-18. Béni soit Dieu pour la considération dont il fait preuve pour chacune de ses créatures et chacun de ses serviteurs, quelle que soit la nature de la tâche qu'ils exécutent!

La loi du lévirat: Deutéronome 25.5-10

La loi du lévirat est appelée comme telle en raison de celui qui en fait l'objet: le beau-frère (en latin *levir*). Alors que la loi interdit au beau-frère de prendre la femme de son frère du temps de son vivant: Lévitique 20.21, elle lui ordonne le contraire dans un cas précis: celui où le frère viendrait à mourir sans avoir laissé derrière lui de fils par lequel son nom serait perpétué en Israël. Lié par le sang au défunt, le frère se devait d'endosser la responsabilité d'accomplir pour lui ce qu'il n'avait pu réaliser de son vivant. Il s'agissait ici, non de désir ou de sentiment, mais du devoir, du sens de l'honneur familial et du souci de transmission d'un héritage à une postérité. Ces considérations posées, la loi du lévirat ne repose pas pour autant sur l'arbitraire. Elle tient compte pour être appliquée de plusieurs nécessités. La première est que les deux frères vivaient ensemble. Une vraie relation de communauté existait entre eux. La seconde est que le beau-frère ne devait pas être marié, sans quoi il mettrait en péril son propre patrimoine: cf. Ruth 4.6-8. La dernière est que la décision du frère resté vivant était libre. S'il y consentait, il avait l'obligation d'appeler le fils qui naîtrait de son union avec sa belle-sœur du nom de son frère. S'il refusait, le seul recours qui restait à sa belle-sœur devenue veuve était de faire appel aux anciens de la ville où la famille résidait. Si le beau-frère, malgré leurs injonctions, persistait dans sa décision, une procédure insultante validait sa décision. La femme restée veuve déchaussait son beau-frère, prenait sa sandale et, devant tous, lui crachait au visage. Parce qu'il n'avait pas relevé l'honneur de son frère et manqué à son devoir envers lui, le *levir* devrait désormais supporter de vivre dans la communauté avec cet opprobre. Sa maison ne porterait plus son nom, mais celui de la réputation qu'il s'était faite: la Maison du déchaussé.

Si elle nous paraît archaïque, la loi du lévirat met en lumière la puissance des liens qui unissent des frères. Etre frères et sœurs, ce n'est pas seulement avoir une parenté commune. C'est aussi être lié les uns les autres par des obligations qui relèvent à la fois de l'honneur et de l'amour. En tant que frères, nous nous devons les uns aux autres à des charges dont nous sommes libres à l'égard de ceux avec qui les liens sont plus distants.

Connue en Israël, la loi du lévirat a été un outil utilisé par les sadducéens pour essayer, en son temps, de piéger Jésus sur la question de la résurrection: Matthieu 22.23-33. Le type de question posée n'a en rien ébranlé Jésus. Elle n'a fait que mettre en valeur l'ignorance et la méconnaissance complète de ses interlocuteurs. Les devoirs sociaux, familiaux que nous avons les uns envers les autres, se limitent à cette vie. Ce qui nous attend dans le royaume éternel de notre Dieu est d'un tout autre ordre qui n'a rien à voir avec les considérations de la condition présente.

Que Dieu nous donne d'être sensible aux devoirs que les liens fraternels nous appellent à remplir les uns envers les autres. C'est dans la fidélité de leur mise en pratique que nous faisons la réputation de notre maison et de celle de l'Eglise, la Maison du Dieu vivant: 1 Timothée 3.15.

Geste prohibé: Deutéronome 25.11-12

Il y a des choses qui ne se font pas, quelles que soient les circonstances. Tel le geste prohibé ici. La sentence pour la femme qui le commet peut paraître sévère. Croyons que cet article de loi a davantage valeur de prévention que de rétribution. Tel est aussi le but de la loi. Elle n'a pas pour seul objet de définir les sanctions qui s'appliquent à chaque délit. Elle cherche aussi à inspirer la crainte afin que le pécheur, voyant ce qui l'attend, se réfrène dans ses actions et réactions.

Plus que le geste en lui-même, ce que Dieu condamne ici c'est le choix de l'endroit où il s'est porté. Les testicules, organes de transmission et d'élaboration de la vie, font partie de ce que l'homme a de plus intime. Alors qu'en Eden l'homme et la femme pouvaient se promener nus sans avoir honte: Genèse 2.25, le péché a totalement dénaturé leur relation. De la joie d'être ce qu'ils étaient en toute simplicité, ils ont ensemble basculé dans la honte. Leurs yeux s'ouvrirent sur leur véritable état et leur réaction immédiate fut dès lors de se couvrir: Genèse 3.7. Pour toujours, l'innocence avait fui le cœur de nos parents. Ce que Dieu avait créé de plus beau ne pouvait plus être regardé sans être entaché par des pensées mauvaises. Les parties nobles de l'être humain devinrent, sous l'effet du péché et de la mentalité qu'il véhicule, les parties honteuses, celles qui, plus que toutes, doivent être couvertes, traitées avec décence et protégées du regard d'autrui: Genèse 3.21; 1 Corinthiens 12.23. Ce n'est ni le christianisme, ni le judaïsme qui ont rendu honteux ce qui était noble, mais le péché.

Loin de correspondre à l'idéal originel, le naturisme pratiqué aujourd'hui sous toutes ses formes confirme la réalité du caractère anormal et décalé d'une vie commune dans la nudité. Quoi qu'on prétende, nous ne sommes plus aptes, et nous ne le serons plus jamais, à vivre nus les uns avec les autres sans honte ou sans arrière-pensée. Les fruits sont là pour le prouver: la banalisation, l'accès au nu n'a pas rendu les couples plus fidèles ou permis aux sociétés qui le promeuvent de reconquérir l'innocence. Au contraire, ils n'ont fait qu'amplifier la lubricité et la perversion.

Que Dieu nous donne, en tant qu'enfants de Dieu, d'avoir une haute idée de ce qu'il a voulu donner aux hommes et aux femmes en les dotant de sexualité. Que notre regard, habituellement chargé de convoitise: Matthieu 5.28, soit transformé, par la crainte de son nom, en celui qu'avait Job face aux jeunes femmes qu'il croisait: Job 31.1.

Poids et mesures: Deutéronome 25.13-16

Toujours dans le domaine de la vie pratique, Moïse rappelle ici l'attachement de Dieu à la plus parfaite intégrité et honnêteté dans les affaires. Tous les poids et toutes les mesures utilisés dans les échanges doivent correspondre à leur désignation. Ce souci de l'exactitude dans les tractations commerciales est, pour ceux qui les pratiquent, une condition de la bénédiction de Dieu. La fidélité à l'honnêteté et à la vérité dans les affaires est un principe aussi fondamental que l'honneur qui doit être rendu par les enfants à leurs parents: Exode 20.12. La même promesse de longévité y est, en effet, assortie.

Si les poids et les mesures doivent être exacts dans le domaine des affaires, il en est un autre auquel Dieu y tient aussi. C'est celui des opinions et des jugements que nous nous forgeons sur les autres. Jésus l'a dit solennellement: la mesure que nous prenons pour juger, évaluer un autre sera celle que Dieu utilisera pour nous peser nous-mêmes: Matthieu 7.1. Nous savons tous les ravages qu'occasionne dans le cœur d'une personne le poids d'un jugement trop sévère à son encontre. A l'inverse, le péril guette aussi toute communauté incapable de s'auto-discipliner: 1 Corinthiens 5.9-13. Autant il est néfaste d'être trop léger dans ses jugements, il l'est aussi d'être trop lourd. Que Dieu nous donne la sagesse, l'équilibre et un amour profond pour la justice et la vérité dans tous nos échanges!

L'ennemi à abattre: Deutéronome 25.17-19

Si Israël eut beaucoup d'ennemis, il en est que l'Eternel désigne comme celui à abattre sans pitié: Amalek. Le choix de Dieu d'exterminer Amalek n'est pas arbitraire. Il tient à deux choses que nous rapporte l'Ecriture. La première est due à sa témérité. Malgré tout ce que l'Eternel venait de faire aux Egyptiens, Amalek ne montra à l'égard de Dieu aucune crainte. Amalek, le premier, alors qu'Israël faisait ses premiers pas dans le désert, l'attaqua: Exode 17.8-16. Le premier péché d'Amalek fut son attitude de défi à l'égard de Dieu. Il ne considéra pas le témoignage que Dieu venait de rendre à lui-même, par l'extermination du pharaon et de son armée dans la mer Rouge, comme probant. Amalek n'en prit pas acte et ne voulut rien voir de ce qu'il démontrait. Sa témérité à l'égard de Dieu, le Dieu d'Israël, est sa première faute. La seconde tient à sa perfidie. Bien que téméraire, Amalek agit en lâche. Il n'attaqua pas Israël de front, mais par derrière, s'en prenant à son arrière-garde et à tous ceux qui, fatigués, traînaient en queue de peloton. Amalek est le portrait-type du diable: un ennemi orgueilleux, rusé, mais aussi lâche et sournois. Amalek guette ses proies, s'en prend aux plus faibles et saisit toutes les occasions favorables pour les ravir du peuple de Dieu.

Il n'y a pas que la sentence prononcée par Dieu envers Amalek qui fait de lui un cas particulier. Il l'est aussi dans la façon avec laquelle, dès le début, il fallait le combattre. Le combat contre Amalek n'était pas un simple combat humain. Il était d'ordre spirituel. Il n'était pas tant lié à la vaillance de Josué, qui lui fit face dans la vallée, qu'à l'intercession persévérante de Moïse et ses deux compagnons sur la montagne: Exode 17.9-10. Sans elle, Amalek avait le pouvoir de dominer et d'écraser Israël: Exode 17.11. Le combat livré contre Amalek est une parabole du combat spirituel que, en tant que peuple de Dieu, nous livrons contre l'ennemi. La victoire sur l'ennemi ne tient pas à notre force ou à notre vaillance spirituelle. Elle est tout entière liée au ministère de notre grand Intercesseur, assis dans les lieux célestes sur la colline de Sion: Hébreux 12.22-24; Apocalypse 12.11; Zacharie 3.1-5.

L'ordre d'extermination d'Amalek donné ici par Moïse à Israël n'est pas nouveau. Il est la répétition de celui déjà transmis dans le désert à Josué: Exode 17.14-16. Pour ne pas l'avoir exécuté en son temps, Amalek continua dans le futur à causer de nombreux torts à Israël: Juges 6.3. Le roi Saül, à qui il fut donné de vaincre Amalek, perdit son trône à son sujet. Dans sa cupidité, il préféra faire preuve d'indulgence envers son roi plutôt que de le vouer avec ses biens à l'interdit. Il transgressa de manière flagrante l'ordre précis de l'Eternel, pour qui aucune alliance avec Amalek n'était possible (1 Samuel 15)!

Chapitre 26

Confession de foi: Deutéronome 26.1-11

Après avoir énoncé les multiples ordonnances qui devaient régler la vie du peuple de Dieu en Canaan, Moïse se projette au moment de la première récolte des fruits de la terre qu'Israël fera dans le pays. Une frontière définitive marque en effet ce temps. Si, jusqu'alors, Canaan, avec toutes les promesses de richesse et d'abondance qui y étaient liées, était un sujet d'espérance, il ne l'est plus. Désormais Canaan est au peuple de Dieu. Il est sa terre, son patrimoine. La preuve concrète se trouve sous leurs yeux, dans leurs mains et leurs corbeilles. L'entrée dans le pays est une chose. Le véritable but est atteint lorsque le peuple, non seulement foule la terre du pays, mais peut vivre désormais des fruits qui y poussent.

Il y a dans la marche avec Dieu deux temps. Le premier est celui de la foi. C'est le temps où la réalité de ce que l'on espère est virtuelle. Pour autant, ce qui fait l'objet de l'espérance du peuple de Dieu n'est pas incertain. Même s'il ne l'a pas encore en main, il sait, puisque Dieu l'a promis, que ce bien qui fait l'objet de sa foi est à lui: Hébreux 11.1. Le peuple ne le possède pas encore, mais c'est en vue de son appropriation certaine qu'il est en marche. Toute sa vie, ses combats, son espérance n'ont de sens qu'en vertu de ce but. Puis vient le second temps, le temps de l'entrée même dans la réalité de ce qui a fait l'objet de la foi. Ici, celle-ci n'est plus nécessaire. Elle laisse place à la vue et la jouissance du bien promis: Romains 8.24; 2 Corinthiens 5.6-8. Le temps est alors propice au témoignage, au récit du cheminement parcouru avec

Dieu, afin, ensemble, de lui rendre gloire. C'est ce que Moïse invite le peuple de Dieu à faire au jour où ce moment se produira.

Si l'entrée du peuple de Dieu dans le pays promis est collective, c'est de manière personnelle que chaque Israélite est appelé à témoigner. Pour se faire, chacun, depuis l'endroit où il résidait, devait se rendre, muni d'une corbeille emplie des prémices de la première récolte faite en Canaan, au lieu de rencontre fixé par Dieu. Là, devant le prêtre, chaque Israélite à tour de rôle déposait sa corbeille et prenait la parole pour dire la même chose: le récit succinct de l'histoire du peuple de Dieu depuis ses origines jusqu'au jour présent.

La procédure instituée ici par Moïse est pleine de vérités. Elle nous rappelle d'abord que le premier objectif de la manifestation de la grâce de Dieu est la formation d'un peuple qui lui appartienne en propre et par lequel il se révèle au monde. Aussi, bien que personnelle, l'histoire de chaque membre de ce peuple est commune. Chacun est donc appelé pour lui-même à rendre témoignage de ce qu'il a vécu, comme si c'était là son histoire propre, tout en disant ce que tous les autres disent aussi. A la fois personnel et communautaire, le témoignage rendu révèle le bien-fondé d'une confession de foi par laquelle chacun peut dire la vérité qui le concerne tout en s'identifiant au peuple qui en est le vrai dépositaire.

Le témoignage rendu par chaque Israélite au jour de la récolte des prémices tient en quatre points. Il rappelle d'où Israël est sorti, l'état misérable dans lequel il est tombé en Egypte, la libération qu'il vécut par la puissance de Dieu et la condition nouvelle à laquelle il a accédé dans le pays vers lequel Dieu l'a conduit. Son témoignage est, sur le plan spirituel, celui de l'Eglise tout entière et de chacun qui en est membre. Que Dieu nous donne d'en être aujourd'hui encore l'écho dans le monde.

La dîme de la 3e année: Deutéronome 26.12-15

Il n'y a aucun moment dans la vie du peuple de Dieu où la réjouissance ne doive pas être partagée entre tous. Alors que chaque chef de famille devait se rendre au lieu choisi par Dieu pour témoigner de sa reconnaissance pour la grâce dont il a été l'objet, Moïse ordonne, une fois la chose faite, d'inclure dans la fête le Lévite et l'immigré qui n'ont pas de part pour eux dans la terre d'Israël: Deutéronome 26.11. Pour autant, le partage avec les démunis et les plus vulnérables parmi le peuple ne s'arrête pas là. Une loi institutionnalisait un principe d'obligation: tous les trois ans, la dîme consacrée à Dieu devait être, non consommée par ceux qui étaient les offrants, mais laissée sur place dans les villes pour être offerte en intégralité aux démunis: Lévite, immigré, orphelin et veuve: Deutéronome 14.28-29. Jésus et les apôtres l'ont rappelé: amour pour Dieu et amour pour son frère sont indissociables: Jean 13.34-35; Jacques 2.14-17. Comment quelqu'un pourrait-il prétendre aimer le Dieu qu'il ne voit pas tout en méprisant son frère qu'il voit: 1 Jean 4.19-21?

L'obligation de partage de la dîme de la 3e année aux démunis ne se limitait pas à un devoir à remplir. Avec son don, l'Israélite apportait à Dieu un témoignage, la confession de la pratique intègre de la législation précise donnée par Dieu à ce sujet. Il nous arrive trop souvent de penser, lorsque nous obéissons à un commandement de Dieu (venir au culte, faire un don, lire la Bible..), que nous avons fait ce qu'il faut. Face à la loi et à ce qu'elle demande, nous pouvons nous regarder sans honte dans le miroir: aucun reproche ne peut nous être adressé. Preuve en est notre présence, nos actes! L'imposition de la confession accompagnant l'acte par lequel l'Israélite faisait ce que la loi lui demandait montre qu'il n'en est rien. Aucun acte, aucune œuvre, aucune bonne action n'a de sens, de valeur, de justification aux yeux de Dieu s'ils ne s'inscrivent pas dans une volonté d'obéissance et de consécration réelle à Dieu. Ce qui prévaut devant Dieu n'est pas ce que je fais, mais l'état d'esprit dans lequel je le fais. Tout ce qui ne provient pas du cœur, un cœur qui a le souci de plaire à Dieu et de lui rendre grâce et honneur dans sa vie, ne peut en aucun cas le satisfaire et constituer une offrande de bonne odeur. Plus que le don ou le sacrifice, c'est le parfum qui se dégage de ce que je place sur l'autel de Dieu qu'il agrée: cf. Jean 12.1-8. Que Dieu me donne chaque jour un cœur qui l'aime et le craigne, afin que tout ce que je fais soit marqué du sceau de l'adoration et de l'action de grâces!

Les Israélites ayant fait ce que Dieu leur ordonnait avec les motivations qu'il souhaitait, la demande peut être faite par tout le peuple à Dieu d'accorder à Israël sa bénédiction sur leur terre comme il l'a promis. Si elle est gratuite, la bénédiction de Dieu n'est pas donnée sans condition. La bénédiction de Dieu est signe d'approbation, de satisfaction de sa part quant à notre vie et ce qu'il attend de nous. Elle exprime la joie de Dieu au regard des dispositions de cœur agréables qu'il trouve dans son peuple, en réponse à sa grâce envers eux. Dieu n'a pas de plus grand désir que de bénir. S'il ne le fait, si sa main est retenue, faute n'est point à lui, mais à notre cœur trop souvent rebelle ou idolâtre. Que Dieu trouve en moi aujourd'hui un cœur propice par ses dispositions à être l'objet de sa bénédiction!

But du cahier des charges: Deutéronome 26.16-19

Moïse termine l'exposé de toutes les ordonnances que Dieu lui a demandé de transmettre à Israël en rappelant quelle en est la finalité. Le Deutéronome est un cahier des charges. Il définit les clauses et les buts du contrat spirituel qui lie Dieu à son peuple. Seul le respect du cahier des charges oblige les parties concernées à remplir leur part du contrat. En souscrivant au cahier des charges exposé dans le Deutéronome, Israël s'engage à faire de l'Eternel son Dieu, tandis que celui-ci s'engage à faire d'Israël son bien propre, son peuple. Pour Israël, le respect du cahier des charges qui le lie à Dieu se manifeste par l'observance fidèle des règles, commandements et prescriptions qu'il contient. Pour l'Eternel, le respect du cahier des charges qui le lie à Israël se concrétise par les bénédictions dont il le gratifiera. Le but visé est que par elles, l'obéissance d'Israël et la bénédiction de Dieu, l'un et l'autre soient magnifiés aux yeux de toutes les nations. Que le monde sache qu'Israël est le peuple de Dieu et que la gloire de Dieu soit exaltée par Israël.

La suite de l'histoire témoigne que, malheureusement, Israël fut incapable de tenir les engagements qui le liaient à Dieu. Dieu, déjà en son temps, en avertira Moïse: Deutéronome 31.16. La conséquence directe en sera que, Israël ayant abandonné Dieu, Dieu abandonnera à son tour Israël: Deutéronome 31.17. Seul Jésus-Christ sera en mesure, en tant qu'homme, de tenir toutes les exigences du cahier des charges de la volonté de Dieu. C'est en vertu de sa justice et de sa mort expiatoire pour nous, pécheurs, que nous sommes par la foi déclarés justes devant Dieu. Que son nom soit magnifié et exalté en lui et par l'Eglise aujourd'hui!

Chapitre 27

Des pierres témoignent: Deutéronome 27.1-11

Arrivés devant le Jourdain, frontière naturelle qui sépare Israël du pays promis, Moïse et les anciens communiquent au peuple la procédure qui devra être suivie sitôt le fleuve passé. Si la sortie d'Egypte correspond pour Israël à une étape, celle de sa délivrance, l'entrée en Canaan en inaugure une autre. Israël avec sa terre est désormais le peuple de Dieu. C'est là sa vocation. Aussi, pour qu'il ne l'oublie pas, Dieu ordonne-t-Il que le premier acte qui soit posé par le peuple entrant en possession de son héritage, soit de graver sur des pierres les clauses du contrat qui lie désormais Israël à Dieu. Ces clauses stipulent et rappellent au peuple de Dieu qu'il ne s'appartient pas. Israël sauvé, racheté, appartient à Dieu. Il est son peuple. Il n'a de raison d'être que s'il accomplit la mission pour laquelle Dieu l'a choisi: être l'outil par lequel, au travers de son obéissance à Dieu, celui-ci manifeste sa gloire aux yeux des nations.

Les deux volets de l'histoire d'Israël concernent aussi l'Eglise de Jésus-Christ. La grâce de Dieu qui nous sauve, rappelle Paul, nous enseigne aussi à renoncer à la convoitise, l'impiété et à vivre dans le siècle présent selon la justice et la piété: Tite 2.11-12. Le but de la délivrance que Dieu opère en Jésus-Christ pour nous ne vise pas uniquement notre salut, mais notre obéissance, afin que nous soyons un peuple par lequel il se glorifie dans le monde: Romains 1.5; 1 Corinthiens 10.31. Israël, pour avoir failli, a ouvert la porte de cette vocation à l'Eglise. Que l'Eglise cependant, prévient Paul, ne se glorifie pas de cet avantage aux dépens d'Israël, mais, plutôt, qu'elle apprenne de son histoire. Car Israël reste la racine sur laquelle l'Eglise a été greffée. Et si Dieu n'a pas épargné les branches naturelles, il n'épargnera pas plus les autres qui ont été entées à leur place: Romains 11.11-24. Remplis-nous, ô Dieu, à cause de ta bonté et de ta sévérité, de la crainte de ton nom!

En vue de formaliser de manière solennelle l'acte par lequel Dieu devient le Dieu d'Israël et Israël le peuple de Dieu, Moïse départage les douze tribus en deux groupes de six. Le premier groupe, formé des tribus de Siméon, le second après Ruben, Lévi, la tribu mise à part pour le service de Dieu, Juda, la tribu désignée par Jacob devant enfanter le Shilo: Genèse 49.10, Issacar, Joseph, le préféré de Jacob, et Benjamin, devait se tenir sur le mont Garizim pour prononcer la bénédiction liée à l'obéissance du peuple de Dieu à ses lois. Le second groupe, formé de Ruben, l'aîné déchu: Genèse 49.3-4, Gad, Aser, Zabulon, Dan et Nephtali, se tiendrait sur le mont Ebal pour dire la malédiction qui attendait Israël dans le cas contraire.

La procédure mise en œuvre par Moïse pour sceller l'engagement qui lie désormais Dieu à son peuple met en valeur deux vérités communes à toutes les alliances du même type. La première est que c'est toujours de manière ouverte et transparente que Dieu parle. Il n'y a dans le contrat qui lie Dieu aux siens aucune clause cachée, aucune surprise de dernière minute. Chacun qui entre dans l'alliance sait exactement, dès le début, à quoi s'en tenir! Promesses et menaces sont dites dans la même clarté et avec la même force. La seconde est que le peuple entier est partie prenante de l'engagement. L'individu n'est pas fondu dans le groupe. Sa participation est personnelle et elle affecte en bien ou en mal le devenir du groupe. Le peuple est une communauté d'individus. «L'engagement de chacun est indispensable au fonctionnement de l'ensemble, et le désengagement d'un membre paralyse le corps dans la même mesure.»[1] Que Dieu nous donne de nous en souvenir!

Les douze malédictions: Deutéronome 27.11-26

Le contraste est grand. En préambule de l'énoncé des bénédictions et malédictions liées au respect ou non des commandements de sa loi, Dieu fait prononcer aux Lévites, chargés de cette fonction, 12 malédictions. En avant-propos de son sermon sur la montagne, véritable charte de vie donnée à ses disciples, Jésus énoncera 9 béatitudes: Matthieu 5.1-12. La nature des paroles servant d'introduction à la juridiction de la loi et de la grâce laisse présager des effets finaux qu'elles produiront. Pour la grâce, bonheur, consolation et félicité; pour la loi, malheur, condamnation et mort. Le même contraste se retrouve au jour de la proclamation publique première de leur message. Le jour où Moïse descendit du Sinaï avec les tables de la loi, 3000 hommes périrent pour fait d'idolâtrie parmi le peuple: Exode 32.28. Le jour où l'apôtre Pierre proclama l'Evangile, 3000 âmes reçurent la vie: Actes 2.41. Là où la loi apporte la mort, parce qu'impossible à tenir, la grâce engendre la vie!

Les douze malédictions prononcées par les Lévites touchent aux domaines les plus divers de la vie des Israélites. Elles témoignent à leur manière de la rigidité et de l'implacabilité de la loi. Quels que soient la nature et le degré d'importance que peut avoir un commandement, la sanction qui suit sa transgression est la même. Le salaire du péché, toujours, est la mort: Romains 6.23.

---

1 Egbert Egberts, *La Tente de Dieu dans le désert des hommes*, Excelsis

Quiconque observe toute la loi mais trébuche sur un seul point devient entièrement coupable: Jacques 2.10.

Ordre des malédictions:

* 1re malédiction: elle a trait au péché d'idolâtrie, péché qui consiste à se façonner un dieu selon ses conceptions et à l'adorer en secret. La première malédiction rappelle qu'idolâtrie et ténèbres vont toujours de pair. Les idoles du peuple de Dieu sont facilement identifiables: elles se trouvent là où personne, hormis la personne qui les vénère, n'a droit de regard. C'est ce à quoi mon cœur s'attache en cachette qui est le plus dangereux rival à l'adoration du Dieu unique à laquelle je suis appelé.
* 2e malédiction: elle touche aux personnes à qui, après Dieu, nous devons porter le plus de respect et d'honneur: nos parents. Alors que l'honneur donné aux parents est porteur d'une promesse de longévité, le mépris affiché envers eux est sanctionné de la pire des manières.
* 3e malédiction: elle touche au respect du patrimoine accordé par Dieu à chacun. Le non-respect du droit de propriété de chacun est non seulement du vol, mais une atteinte à l'héritage donné par Dieu à chaque famille du peuple dans le pays.
* 4e malédiction: elle sanctionne les abus de pouvoir dont peut faire preuve un homme valide à l'égard de son prochain handicapé. La méchanceté gratuite, la cruauté, le plaisir qu'éprouve quelqu'un à faire le mal, ou jouir du malheur de son prochain vulnérable et déjà éprouvé mérite le plus sévère des châtiments.
* 5e malédiction: elle porte sur les droits bafoués des personnes les plus faibles et les plus vulnérables dans la société: l'étranger, la veuve, l'orphelin. Ce trio est celui sur lequel Dieu

a particulièrement le regard pour juger de l'authenticité de la compassion et de la miséricorde pratique du peuple de Dieu.

6e à 9e malédictions: toutes les quatre touchent au domaine des relations sexuelles.

* La 6e malédiction sanctionne la relation qu'un homme, tel Ruben, le fils de Jacob: Genèse 35.22; 49.3-4, pourrait avoir avec l'une des femmes de son père. Ce qui est reproché ici, c'est non seulement l'adultère que représente un tel acte mais encore l'outrage qu'il signifie pour le père. Le péché prend ici une dimension de gravité telle, étant donné les personnes impliquées, qu'il ne peut être l'objet que de la plus vive réprobation de la part de Dieu.

* La 7e malédiction dénonce le péché abominable de zoophilie qui consiste en une relation sexuelle entre un être humain et un animal. Si l'homosexualité est une relation contre nature, la zoophilie est plus grave encore en ce qu'elle relève de la confusion des genres et des espèces. Là encore, une telle dérive ne peut, pour le bien de la communauté, n'être sanctionnée que d'une seule manière: la malédiction de Dieu: cf. Lévitique 20.15-16.

* Avec la 8e et la 9e malédiction, nous nous retrouvons à nouveau dans le cercle étroit de la famille. La 8e malédiction sanctionne tout rapport entre un homme et sa sœur ou demi-sœur; le péché commis ici est taxé par la loi d'ignominie, un acte porteur en lui-même d'un profond déshonneur pour les personnes impliquées: Lévitique 20.17. La 9e malédiction condamne ce même rapport entre un homme et sa belle-mère; le péché commis ici est taxé par la loi d'infamie, un acte vulgaire, caractérisé par une grande bassesse, une «saloperie», pourrait-on dire de manière crue: Lévitique 20.14. La même

sévérité est requise par Dieu dans le châtiment que mérite de tels actes.

Deux constats dans l'énumération de ces quatre derniers sujets de malédiction ne peuvent que nous interpeller. Le premier est la place qui est faite aux délits d'ordre sexuel: 4/12 soit 1/3 des malédictions prononcées. Cette importance témoigne, à elle seule, du combat que représente dans la vie du peuple de Dieu le défi de la pureté. Les lettres écrites par Paul en son temps, comme les débats qui agitent l'Eglise aujourd'hui, montrent que le sujet est à la fois actuel et toujours aussi crucial: 1 Corinthiens 5.1; 6.18. Le second constat nous alerte sur le fait que c'est dans le cadre étroit des relations familiales que le risque d'impureté est le plus fort. Le danger mis en lumière ne peut se comprendre qu'à la connaissance du style de vie de l'époque: une vie tribale où la polygamie était normative. Si tel n'est plus le cas aujourd'hui, le péril subsiste dans le cercle des familles dites recomposées dans lesquelles le lien qui existe entre ceux qui en sont membres n'est plus celui d'une filiation ou d'une fraternité pleine et directe, mais partielle et secondaire. Que Dieu nous donne dans l'Eglise, d'être vigilants sur tous ces sujets!

* 10e malédiction: elle porte sur un mal secret, caché, qui se passe à l'abri des regards, dans le cercle intime de la relation familiale ou de la maisonnée: la violence gratuite que peut exercer un père contre ses enfants, un mari à l'égard de sa femme, un maître contre ses serviteurs ou ses esclaves. Quelle que soit la position d'autorité que nous occupions, elle ne justifie jamais la violence. La violence, les coups donnés à son prochain entrent toujours devant Dieu dans la catégorie de

l'abus de pouvoir. Avec les autres délits mentionnés ci-dessus, ils tombent sous le coup de sa condamnation la plus sévère.
* 11e malédiction: elle porte sur une variante de la précédente, amplifiée de deux facteurs aggravant. Ici, la violence ne s'arrête pas aux coups. Elle a pour but précis de donner la mort. De plus, la violence exercée n'est plus gratuite. Elle est le fait d'un arrangement entre deux parties: un donneur d'ordre qui n'agit pas directement, mais paie un exécuteur de basses besognes pour faire à sa place ce qu'il ne veut pas exécuter lui-même. Quatre mains sont ici à l'œuvre. Si la malédiction précédente s'applique au donneur d'ordre, celle-ci touche l'exécuteur. Tous deux tombent sous le coup du jugement de Dieu, de sa malédiction. Nul ne peut rejeter la faute sur l'autre: chacun a sa manière, par sa participation au mal qui a été causé à autrui, est coupable et mérite face à Dieu la plus sévère des sanctions.
* 12e malédiction: elle englobe l'entier du contrat qui lie le peuple de Dieu à son Dieu. La loi, parce qu'elle est l'essence même de ce qui est juste, ne peut pour être satisfaite se résoudre à la demi-mesure ou à l'obéissance partielle de ceux qui lui sont soumis. Sous peine d'exécuter les menaces dont elle est porteuse, elle exige la conformité totale à ce qu'elle ordonne. Si bien que, comme le dit l'apôtre Jacques, quiconque observe toute la loi mais trébuche sur un seul point devient coupable de tous: Jacques 2.10. L'exigence absolue de la loi conduit inévitablement à un constat: personne, à cause du péché qui habite en lui, n'est en mesure d'échapper à la malédiction de Dieu. Tous, nous sommes coupables: il n'y a pas de juste, pas même un seul: Romains 3.9-10.

Notons qu'à l'énoncé des 12 malédictions, le peuple de Dieu ne devait pas se contenter d'écouter. Il devait s'engager en acquiesçant d'un Amen ferme et résolu, après la proclamation de chacune d'entre elles. L'engagement de l'obéissance auquel Dieu appelle son peuple concerne chacun en particulier et chaque point précis de sa loi. Jésus seul aura dans l'histoire été capable d'accomplir tous les commandements ordonnés par la loi: Matthieu 5.17. Lui seul pourra prétendre n'être en aucune manière coupable et, par conséquent, voué à la malédiction de Dieu. Il le sera pourtant, en étant, pendu au bois: Deutéronome 21.22-23. La malédiction qui est tombée sur lui est celle qui aurait dû nous atteindre tous. Le Christ nous a rachetés de la malédiction de la loi en devenant malédiction pour nous: Galates 3.13. Béni soit son saint et grand nom!

Chapitre 28

Promesses de bonheur: Deutéronome 28.1-14

Suite à la lecture des douze malédictions introductives, proclamation est faite des promesses de bonheur réservées à Israël, peuple de Dieu, à la condition de son obéissance aux commandements que Dieu lui a ordonné de mettre en pratique, tels qu'ils ont été énoncés. Dès le départ, Israël le sait: le contrat dans lequel Dieu s'engage envers lui est suspensif. Il est totalement lié à la capacité d'Israël de tenir l'engagement d'obéissance exigé par la loi. C'est sous sa réserve que les promesses de bénédiction auxquelles Dieu s'engage envers son peuple se réaliseront.

Si ces promesses se déclinent de différentes manières et dans de multiples domaines, elles poursuivent toutes le même but: faire d'Israël un peuple au-dessus de tous les autres. Cette supériorité visée n'a pas pour objet la suffisance. Elle pointe vers une seule chose: démontrer à la face du monde qui est Dieu, le Dieu d'Israël, et manifester, aux yeux de tous, la différence qui existe entre ce qu'il est et les faux dieux auprès desquels les peuples cherchent leur salut et leur sécurité. Israël doit le comprendre: la bénédiction dont il sera l'objet de la part de Dieu n'est pas d'abord pour lui-même. Elle a pour objectif le témoignage. La vocation première d'Israël est d'être, par le bonheur dont il rayonne de la part de son Dieu, l'aimant qui attire les autres peuples vers lui.

Israël malheureusement, en suivant les coutumes des autres peuples et en se détournant de Dieu et de ses commandements, a failli à sa mission. Il n'a été que rarement et que pour de courtes périodes un peuple au-dessus des autres. Seul Jésus démontrera à la perfection ce que cela signifie d'être, dans tous les domaines, au-dessus du lot. Il est celui par lequel Dieu cherche à attirer les hommes vers lui: Jean 12.32. Que nous, ses témoins, soyons par nos vies les aimants qui attirent ceux qui nous sont proches à venir à lui!

Domaines de bénédiction

La condition de l'obéissance par la mise en pratique de ses commandements remplie, Dieu s'engage à bénir Israël. Cette bénédiction ne sera pas partielle, mais totale. Elle touche:

* A tous les lieux où habitera le peuple: la ville comme la campagne.
* A tous les fruits issus des semences. Dieu manifestera par la bénédiction qu'il est lui, par-dessus tous les dieux, le Dieu de la vie, de la fécondité et de la fertilité.
* A tous les conflits guerriers dans lesquels pourrait être engagé Israël. Dieu manifestera, par les victoires éclatantes qu'il donnera à son peuple de remporter sur ses ennemis, supérieurs en nombre et en force, qu'il est lui, le Souverain et le Tout-Puissant.
* A toutes les entreprises. Dieu manifestera par le succès et la prospérité que connaîtra Israël qu'il est effectivement un peuple saint et mis à part pour lui. Seul ce statut d'élu de Dieu peut expliquer le cas particulier d'Israël aux yeux des nations.
* A toutes les conditions climatiques. En réglant de manière précise la venue de la pluie et du soleil pour donner à la terre d'Israël de produire les récoltes les meilleures, Dieu manifestera qu'il est lui seul le Souverain du ciel et de la terre, le Dieu Créateur.

* A la situation économique du pays. Béni par Dieu, Israël ne sera jamais, ni en aucune manière débiteur et dépendant des autres. Dieu l'élèvera au-dessus des autres peuples qui viendront vers lui pour emprunter pour leurs besoins. Israël sera dans le concert des nations, non à la queue mais à la tête.

Par la position enviable qu'occupera Israël, Dieu poursuivra un seul but: chercher à attirer tous les peuples vers lui. La bénédiction que Dieu promet à Israël n'a qu'un seul objet: lui permettre de remplir la vocation initiale qui est la sienne d'être l'outil par lequel Dieu bénira tous les peuples du monde: Genèse 12.1-3. Jusqu'à ce jour, Israël n'a pu l'être. Il le sera lorsque, pleurant sur celui que les Juifs ont percé, il sera rétabli dans les larmes et la repentance: Zacharie 12.9–13.3. Alors, voyant le bonheur d'Israël, tous les peuples se rendront à Jérusalem pour entendre la parole de l'Eternel: Esaïe 2.1-5. Que ta bénédiction, ô Dieu, vienne bientôt sur Israël, ton peuple: cf. Romains 11.12.

Menaces de malheur: Deutéronome 28.15-68

Comme les promesses de bonheur, les menaces de malheur que Dieu énonce sont entièrement liées au comportement du peuple de Dieu. Sous le régime de la loi, la façon d'agir du peuple de Dieu est la clé de voûte de tout. C'est sur elle seule que reposent les perspectives d'avenir du peuple de Dieu, qu'elles soient heureuses ou malheureuses. Pour ce qui est de Dieu, le contrat par lequel il se lie à son peuple inclut aussi bien les bénédictions que les malédictions. En privant son peuple de sa bonté, Dieu ne fait pas rien. Il l'expose aux châtiments que sa justice exige. C'est ce châtiment qui, un jour, est tombé sur Jésus-Christ pour nous: Esaïe 53.5. L'obéissance totale du peuple de Dieu étant impossible, il a fallu que le Fils de Dieu la vive à sa place et prenne sur lui la condamnation qu'il méritait. Quelle grâce!

Domaines de malédiction: Deutéronome 28.15-44

Les domaines de malédiction cités recoupent ceux qui étaient l'objet de la bénédiction. La différence de la place qui est donnée aux malédictions par rapport aux bénédictions tient essentiellement au détail, à l'inventaire presque de tous les malheurs auxquels Israël s'expose en se détournant de Dieu. L'intention de Dieu semble évidente: l'Eternel, comme il l'a fait avec nos premiers parents dans le jardin d'Eden: Genèse 2.17, veut prévenir Israël des conséquences gravissimes qu'entraînera pour lui la désobéissance. L'histoire future démontre que cette volonté préventive de Dieu n'aura pas suffi. Israël, suite à ses multiples rébellions et infidélités, vivra dans le détail l'énoncé des malédictions prévues à cet effet dans la loi:

Il sera maudit sur sa terre, dans ses villes, qui seront souvent détruites, occupées ou assiégées, et dans sa campagne, qui deviendra un désert: Deutéronome 28.16, 17, 23.

Le fruit de sa semence sera maudit. Israël connaîtra la disette, la famine, les invasions de parasites et les maladies qui décimeront troupeaux et populations: Deutéronome 28.18, 21-23, 38-40.

L'Eternel s'attachera à ce que ses entreprises échouent. Au lieu de la sécurité, Israël connaîtra la peur et un insuccès tel qu'il finira par disparaître: Deutéronome 28.20, 29.

L'Eternel fermera son ciel. Les conditions climatiques du pays seront si défavorables que la terre ne donnera plus rien: Deutéronome 28.23-24.

Dans les conflits que connaîtra Israël avec ses voisins, ses ennemis auront le dessus: Deutéronome 28.25, 26. Ils le pilleront, le dépouilleront complètement: Deutéronome 28.29. Israël assistera impuissant et dans les larmes au pillage de ses biens, de ses troupeaux, de ses fils et de ses filles, à leur exil dans des pays d'où ils ne reviendront pas: Deutéronome 28.30-34, 41.

Comme Job, Israël, livré au Malin, sera atteint de fléaux graves et particuliers touchant à sa santé, à la différence près que, contrairement au patriarche, il ne s'en relèvera pas: Deutéronome 28.35; cf. Job 2.7.

Au lieu d'être maître dans son pays, Israël deviendra en fait esclave. Le leadership économique et financier lui échappera pour tomber entre les mains des immigrés habitant parmi eux. Israël vivra sur sa propre terre à crédit, à la merci des étrangers qui seront en son sein: Deutéronome 28.43-44... jusqu'à ce que son roi et sa population entière finissent par être déportés: Deutéronome 28.36. Ils y perdront alors jusqu'à leur identité de peuple élu, en adorant et se prosternant devant des idoles et en devenant un objet de mépris et de raillerie pour le monde: Deutéronome 28.36-37.

Ces malédictions énoncées, Moïse apporte une première conclusion à ce qu'il vient de dire. Il confirme le fait que les malheurs dont il vient de parler ne sont pas que des menaces pour faire peur. Ils sont un engagement ferme de la part de Dieu. Comme la sortie d'Egypte, avec tous les prodiges qui l'accompagnèrent (les dix plaies, le passage de la mer Rouge...), était un signe de la puissance libératrice de Dieu, les malheurs qui surviendront au peuple de Dieu rebelle seront aussi un signe servant de témoignage pour Israël de sa justice et de sa sainteté. Le même Dieu, rappelle Paul, utilise des vases de colère formés pour la perdition pour montrer sa colère, et des vases de miséricorde pour révéler sa grâce: Romains 9.22-23.

Extrémités: Deutéronome 28.45-68

Les premières malédictions énoncées, Moïse n'en a pas fini. Il ajoute à son enseignement un nouveau développement dans lequel il montre jusqu'à quelles extrémités de détresse ira le peuple de Dieu tombé sous son courroux. La raison de la colère de Dieu à l'encontre d'Israël, son peuple, est la même que celle que Paul évoque à l'égard de l'humanité tout entière: l'ingratitude: Deutéronome 28.47; Romains 1.21. Parce qu'Israël n'aura pas su être reconnaissant envers son Dieu, en le servant dans le contentement et la joie au milieu de tous les bienfaits dont il a été l'objet de sa part, il devra apprendre dans la douleur et dans la disette à servir ses ennemis. Rempli de l'Esprit de Dieu et animé d'une vision prophétique, Moïse conclut l'énoncé des malheurs qui attendent Israël désobéissant en prédisant à la lettre les événements qui façonneront son futur. La rédaction de l'Ancien Testament vient ici à peine de commencer. Tout cependant y est déjà contenu: les faits à venir, leur source, leur fondement et leur explication.

1er malheur: Deutéronome 28.49-52

Le 1er malheur annoncé par Moïse est l'invasion, la conquête future d'Israël par une nation lointaine qui fondra sur elle comme l'aigle sur sa proie. Autrefois objet de la compassion de Dieu, Israël va apprendre ce que cela veut dire d'être celui de la cruauté d'un peuple sans cœur qui ignore ce que signifie le respect et la grâce. Pour n'avoir pas écouté les paroles claires et limpides de Dieu portées par ses prophètes, Israël sera livré à un peuple barbare dont il ne comprendra pas le langage. Sans qu'Israël ne puisse lui opposer quoi que ce soit comme résistance, ce peuple envahira le pays, pillera ses biens et abattra toutes les hautes tours derrière lesquelles il se croyait à l'abri. Les babyloniens sont, dans l'histoire, le peuple annoncé par Moïse: Esaïe 5.26-30; Jérémie 5.15-17; Habakuk 1.6-7, peuple qui s'emparera de Jérusalem, détruira ses murailles et déportera sa population: 2 Chroniques 36.13-21.

2e malheur: Deutéronome 28.53-57

Le second malheur prédit par Moïse touche aux pratiques impensables auxquelles le peuple de Dieu en viendra dans la détresse à laquelle l'aura réduit ses ennemis. Si nous n'avons aucune idée du degré de déchéance à laquelle un peuple, une civilisation qui avait tout pour réussir, peut parvenir, c'est ce passage de la Bible qu'il nous faut lire. Envers et contre toute sa culture, la culture de vie dans laquelle la loi de Dieu l'a éduqué: Deutéronome 30.19, Israël va perdre à ce point la notion de grandeur, de dignité et de noblesse afférente à son statut de peuple élu qu'il va en arriver à imiter les peuples les plus primaires dans ce qu'ils pratiquent de plus abject: le cannibalisme. Comme pour ce qui touche au premier malheur, les paroles dites ici par Moïse se réaliseront à la lettre. Le témoignage de Jérémie, atterré par la désolation de Jérusalem, le confirme: Lamentations 2.20. Pressentant ce qui allait advenir, le prophète a pourtant prévenu son peuple: «Ta méchanceté, dira-t-il à tout Israël, te châtiera, et ton infidélité te punira, tu sauras et tu verras que c'est une chose mauvaise et amère d'abandonner l'Eternel, ton Dieu, et de n'avoir de moi aucune crainte, dit le Seigneur, l'Eternel des armées: Jérémie 2.19.» Moïse avait prévenu, Jérémie l'a vu et vécu!

La question se pose: l'extrémité à laquelle a été réduite Israël, peut-elle aussi se produire un jour pour le monde christianisé, le chrétien, l'Eglise? Une chose est certaine: plus un homme ou un peuple a été au bénéfice des lumières et des bienfaits de la Parole de Dieu, plus le malheur qui les attend, s'ils s'en détournent, sera grand. La parabole du fils prodigue racontée par Jésus en témoigne. D'enfant aimé et privilégié qu'il était, le fils, en se trouvant ravalé au niveau d'un porc, a tout perdu. Il est descendu si bas qu'on ne peut aller plus loin (si ce n'est la mort). Sa liberté a fait place à la servitude, sa noblesse à la déchéance: Luc 15.15-16. Paul le rappelle dans son exposé magistral des fondements et des présupposés sur lesquels repose le message de la bonne nouvelle de l'Evangile: la décadence d'un peuple et d'une civilisation n'est jamais si forte que lorsque Dieu les livre à eux-mêmes, suite à leur rejet de sa connaissance: Romains 1.18-32. Tout ce qui a été écrit et vécu par Israël doit servir d'instruction à l'Eglise: 1 Corinthiens 10.11. Que Dieu fasse régner et grandir dans nos cœurs la crainte de son nom!

3e malheur: Deutéronome 28.58-68

Le 3e malheur pousse à son paroxysme le rejet auquel Dieu s'engage en maudissant Israël, le peuple qui était autrefois l'objet de sa miséricorde et pour lequel il avait tant d'intentions bienveillantes. Si le premier malheur livre Israël entre les mains d'un ennemi cruel, si le second témoigne des extrémités auxquelles il parviendra livré à lui-même au plus profond de la détresse, le 3e évoque l'engagement et la satisfaction que Dieu éprouve en travaillant à détruire son peuple, à l'humilier sous la main de ses ennemis et le diminuer au point de frôler son extinction. Se peut-il que l'Eternel, le Dieu de la grâce, de la compassion, le Dieu de Jésus-Christ se plaise au génocide de son peuple? Pire, qu'il en soit l'initiateur? Une telle révélation est incompréhensible si nous ne saisissons pas le caractère absolu de tous les engagements de Dieu. Autant Dieu se donne tout entier, en y mettant les moyens, pour sauver son peuple, autant, lorsqu'il déverse sa colère, Dieu est sans retenue. Autant en Jésus-Christ, l'expression de son amour a été satisfaite, autant au jour de sa fureur, sa colère ne sera apaisée que si le mal commis, l'outrage, l'offense qui sont faits à son nom sont châtiés à la hauteur de ce que cela mérite.

Alors que nous sommes au temps de la grâce, l'apôtre Paul avertit ses lecteurs. La retenue dont Dieu fait preuve aujourd'hui envers le péché ne va pas durer. Vient le jour où, comme le disait Jean-Baptiste, la hache qui est déjà prête va s'attaquer à la racine des arbres: Matthieu 3.10. Le temps de la grâce ne doit pas être perçu comme un temps d'hésitation ou de négociation avec Dieu, mais comme l'occasion divine à saisir pour que chacun se repente. Qui s'obstine à rester dans l'éloignement et la rébellion envers Dieu doit le savoir: son sort au bout du compte ne sera pas meilleur, mais pire. Il s'amasse, dit Paul, un trésor de colère pour le jour de la colère et de la révélation du juste jugement de Dieu: Romains 2.5.

Les fléaux décrits ici témoignent de ce qui se produit pour un peuple lorsque l'heure du jugement de Dieu a sonné pour lui. La mesure des fléaux est proportionnelle, d'une certaine manière, à la grâce reçue. On demandera beaucoup à celui à qui l'on a beaucoup donné, et on exigera davantage de celui à qui l'on a beaucoup confié, a dit Jésus: Luc 12.48. Les malheurs que suscitera la main malveillante de Dieu envers Israël nous avertissent de ceux que connaîtra le monde au jour de sa colère. Car, comme le dit Jésus, si l'on fait ces choses au bois vert (le bois dans lequel se trouve la vie), qu'en sera-t-il du bois sec (le bois sans vie)? (Luc 23.31). Proportionnés à la grâce reçue, les fléaux sont aussi graduels. Aux épidémies et maladies déjà connues, s'y ajoutent de nouvelles inconnues. A la mortalité s'ajoute l'exil, la dispersion du peuple restant dans toutes les nations. A la dispersion s'ajoute la servitude. A la dispersion s'ajoute l'oppression, l'angoisse. A l'angoisse, s'ajoute pour finir l'abandon!

Abandonné de Dieu, Israël le sera aussi des autres peuples qui ne sauront que faire d'eux et le rejetteront comme une chose sans valeur. Le sel, dira Jésus, lorsqu'il perd sa saveur, ne sert plus à rien. Il n'est plus bon qu'à être jeté dehors et foulé aux pieds par les hommes: Matthieu 5.13. Abandonné de Dieu, Israël finira par perdre tous les avantages spirituels liés à sa position de peuple élu et racheté. Son rejet sera tel par Dieu que celui-ci finira par revenir sur les promesses et les engagements qu'il avait prononcés, le jour de son salut: Deutéronome 28.68. La repentance qui fait défaut à Israël se produira chez Dieu: puisqu'Israël ne renonce pas au mal qu'il fait à l'Eternel, l'Eternel renoncera au bien qu'il avait promis de faire à Israël! Le sort que connaîtra le peuple de Dieu de l'Ancienne Alliance est un avertissement que le peuple de la Nouvelle doit entendre. L'auteur de l'épître aux Hébreux nous avertit: Combien pire, dit-il, sera le châtiment mérité par celui qui aura piétiné le Fils de Dieu, qui aura tenu pour profane le sang de l'alliance par lequel il a été consacré et qui aura outragé l'Esprit de la grâce: Hébreux 10.29. Que Dieu nous donne, à l'écoute des malédictions décrétées par Dieu sur son peuple rebelle, un cœur effrayé par le péché et prompt à se repentir!

Conclusion: Deutéronome 28.69

L'énoncé des malédictions qui attendent Israël, s'il entre dans la rébellion contre Dieu, clôt l'alliance conclue entre Dieu et Israël à Moab. Avant même d'entrer dans le pays, toutes les données sont sur la table. Israël a devant lui le choix du bonheur ou du malheur, celui de la vie ou de la mort: Deutéronome 30.15. Les paroles de l'alliance conclue ici complètent celles déjà prononcées à Horeb, au moment où Dieu donna la loi au peuple et à Moïse: Exode 20. Désormais Israël n'a pas seulement connaissance de la loi que Dieu veut qu'il suive. Il est engagé dans un contrat avec lui duquel dépend tout son avenir. Le but de Dieu à travers l'alliance est qu'Israël soit le peuple que Dieu veut qu'il soit pour le monde: un peuple béni qui devient source et instrument de la bénédiction de tous les autres. C'est aussi ce qu'il veut pour nous, son Eglise! Que Dieu nous donne, dans sa grâce et par son Esprit, d'être le témoignage de sa gloire!

Chapitre 29

Moïse le sait: la fin de son parcours est arrivée. Après avoir sorti le peuple d'Egypte et mené Israël à la frontière de Canaan, l'heure est venue pour lui de faire ses adieux. Avant de bénir les tribus, comme l'avait fait Jacob avant lui, Moïse convoque tout le peuple pour lui transmettre son dernier message.

Regard vers le passé: Deutéronome 29.1-8

Pour commencer, Moïse invite tout Israël à se tourner vers le passé. Il lui rappelle tout ce que ses yeux ont vu de la puissance salvatrice de Dieu en Egypte. Le retour vers le passé est fondamental car il rappelle à Israël d'où il vient, d'où il est sorti, ce que Dieu a fait pour qu'il existe en tant que peuple et nation libre et souveraine. La sortie d'Egypte n'est pas pour Israël qu'un acte de délivrance. C'est aussi un acte de naissance, une naissance qui s'est faite au travers de la mort, du jugement et du sang versé. Israël ne devait jamais l'oublier. Aussi, tout au long de sa marche, Dieu, de diverses manières, prendra soin qu'il s'en souvienne. Outre les différents rites institués dans ce but: Exode 13.3, 8-9, 14, l'Eternel lui-même marquera la frontière que représente cette étape en changeant sa manière de se présenter à son peuple. Avant la sortie d'Egypte, Dieu s'est révélé à Moïse comme le Dieu des pères, le Dieu d'Abraham, d'Isaac et de Jacob: Exode 3.6. Après la sortie, au moment même où Dieu va donner à Israël sa loi, Dieu se définit comme le Seigneur qui a fait sortir son peuple d'Egypte, de la maison de servitude: Exode 20.1-2. Le Dieu de la délivrance, le Dieu du salut, le Dieu de la grâce est le Dieu qui donne sa loi à son peuple pour qu'il marche avec lui et l'honore au milieu des nations. Le souvenir de l'ordre de priorité de la révélation de Dieu est essentiel pour le peuple. Nous ne sommes pas encore dans le Nouveau Testament, mais le même ordre y apparaît. Dans l'économie de Dieu, l'appel à l'obéissance ne précède par la grâce, il la suit toujours.

Alors que, nous aussi, nous avançons dans notre vie avec le Seigneur, nous ne devons jamais oublier ce qui fait notre acte de naissance en tant que chrétien. Par la cène que Jésus a instituée dans ce but, nous nous souvenons d'où nous venons et à quel prix, par quel grand prodige, la croix suivie de la résurrection, nous devons notre salut. Par elle, le Dieu de nos pères dans la foi n'est plus seulement leur Dieu. Il est devenu un Dieu personnel, un Dieu qui nous invite, sur la base de la grâce, à entrer dans une vie d'obéissance et de sainteté à sa gloire: Romains 6.12-13.

Malgré les grands miracles dont Israël a été témoin, Moïse ne se fait pas d'illusion quant au niveau de maturité ni à l'état spirituel du peuple. Il a mille fois été témoin dans le désert de leur ingratitude, de leur rapidité à oublier les grands prodiges que Dieu a accomplis pour eux, de leur incrédulité récurrente dès qu'une difficulté se présente à eux. N'a-t-il pas été lui-même, leur sauveur, à plusieurs reprises, en danger de mourir, lapidé par ceux-là même qu'il avait sorti de la servitude?

Par le constat qu'il fait, Moïse nous rappelle que le premier ennemi du chrétien ne se situe pas à l'extérieur de lui, mais en lui. C'est de notre cœur mauvais, ingrat, oublieux que sortent les murmures, les revendications les plus opposés à l'Esprit de Christ qui est en nous et au milieu de nous. Souvent, comme Moïse le dit, notre vue est faible, nos oreilles bouchées. Nous n'écoutons pas, ou plutôt nous ne retenons pas ce que nous avons vu, compris de Dieu. Nous agissons ou nous réagissons comme si Dieu n'avait rien accompli pour nous, comme s'il ne nous avait pas montré de quoi il est capable lorsque nous faisons appel à lui et le laissons agir dans nos vies. Combien souvent nous avons à nous humilier de notre incrédulité!

Fi du caractère versatile du peuple! L'infidélité d'Israël aura-t-elle raison de la fidélité de Dieu? La suite du discours de Moïse rappelant le passé y répond. La grâce de Dieu, qui est le fondement de l'acte de naissance d'Israël, ne peut être que le principe sur lequel se poursuit la suite de son histoire. Après avoir rappelé le début, Moïse s'attache à évoquer la suite, la marche d'Israël dans le désert après le passage de la mer Rouge. Là encore, que le peuple témoigne! Israël a-t-il manqué de quelque chose de vital pendant les 40 ans où il a erré dans le désert? Certes, ils n'ont pas mangé de pain et bu de vin! Cependant, tous les jours, Dieu les a nourris de la manne tombée du ciel: Jean 6.31, et ils buvaient à un rocher qui les suivait: 1 Corinthiens 10.4. Les ressources divines ne manquaient pas, même si, par moments, elles suscitaient parmi le peuple amertume et dégoût: Nombres 11.6.

Le bilan dressé par Dieu des années passées par Israël dans le désert nous interroge: au regard du chemin que nous-mêmes avons parcouru avec le Seigneur, sommes-nous en phase ou en opposition avec lui? Que retenons-nous, quel accent domine notre évaluation de la vie que nous menons avec Dieu dans le désert de ce monde? L'insatisfaction? «La vie n'est pas facile! La Bible, Christ, c'est bien! Mais au bout d'un moment, cela ne suffit pas! On s'en lasse!» Ou la gratitude? «Seigneur! Mille fois, j'ai péché, j'ai été infidèle! Mille fois, tu aurais eu l'occasion, le droit de te lasser de moi, de me rejeter! Je veux te louer pour ta patience et ta grande fidélité! Je n'ai manqué de rien d'essentiel! Tu as toujours pourvu à mes besoins, tous mes besoins! Au regard du passé et du chemin parcouru, je ne peux que t'adorer, Seigneur, et t'apporter ma reconnaissance émerveillée!»

Le désert traversé, Israël atteignit la Transjordanie, un territoire occupé par deux rois puissants, Sihon et Og. Si le désert était pour Israël une épreuve avec lui-même et son propre cœur, l'approche du pays promis, dans lequel il est appelé à entrer, le place dans une confrontation de puissance. Le récit de la conquête du territoire des deux rois témoigne que la paix aurait très bien pu exister entre eux et Israël et le combat ne pas avoir lieu. Avant de livrer bataille, Israël, en route pour Canaan, avait envoyé des messagers à Sihon et à Og pour leur demander une autorisation de passage sur leur territoire. Les deux rois avaient refusé: Nombres 21. Leur refus, cependant, n'était pas de leur propre chef. L'Eternel révéla à Moïse qu'il venait de lui. L'Eternel avait endurci le cœur de Sihon et d'Og pour, qu'au lieu de la paix, ce soit le conflit et la guerre qui éclatent: Deutéronome 2.30. Se faisant, l'objectif de Dieu était double. Premièrement il voulait qu'Israël, avant d'entrer dans le pays où il serait confronté à 31 rois: Josué 12.24, apprenne à se battre. Canaan avait été promis de manière sûre par Dieu à Israël. Mais aucun des mètres carrés du pays ne serait conquis sans l'arracher de force à ses possesseurs: Josué 1.3-5. Il voulait ensuite qu'Israël éprouve par l'expérience la réalité de la présence de Dieu à ses côtés dans le combat. Israël a remporté la victoire sur les deux rois, mais c'est l'Eternel qui les a livrés entre leurs mains: Deutéronome 2.31. La conquête du pays des Amoréens avant d'entrer en Canaan a pour objet de fortifier la foi d'Israël. Dieu la cite à son peuple comme la bataille de référence, l'exemple sur lequel il doit s'appuyer pour croire que la même chose va se produire dans les batailles futures: Deutéronome 31.4.

Au-delà des batailles que nous pouvons connaître avec nous-mêmes dans le désert, l'objectif de Dieu n'est pas que nous y restions. Dieu a en vue pour nous, son peuple, un champ d'action beaucoup plus vaste. Il veut que nous entrions dans l'expérience de la réalité de toutes les promesses que sa grâce a en réserve pour nous. Notre vrai combat se passe non sur terre, mais dans les lieux célestes, là où, selon Paul, se trouvent à la fois toutes les bénédictions spirituelles qui sont pour nous en Christ: Ephésiens 1, et les forces occultes qui s'y opposent: Ephésiens 6.12. Ce que Canaan est pour Israël, le monde invisible, les lieux célestes le sont pour l'Eglise de Jésus-Christ. La stratégie de Dieu pour nous amener à la plénitude est la même que celle qu'il a suivie pour Israël: le combat. Dieu nous prévient: nous avons un ennemi au cœur endurci qui ne lâche rien. Il ne nous laissera avancer, progresser dans notre vie que s'il y est contraint. La plénitude de Dieu est là à notre disposition. Mais chaque mètre carré de celle-ci est à remporter. Nous aimerions de la part de Dieu une autre stratégie. Mais les combats par lesquels il nous fait passer sont nécessaires. Ils sont l'école de formation de Dieu par laquelle il nous apprend à compter sur lui et à manier en même temps les armes qu'il nous a donné: la foi, la Parole, la prière. Il veut, comme le dit David dans un psaume, exercer nos mains au combat, nos doigts à la bataille: Psaume 144.1. Nous aimerions souvent que les combats que nous connaissons soient les derniers, qu'une fois la victoire remportée nous jouissions de la paix. Ce n'est pas le cas! Chaque combat remporté nous fortifie dans la foi... et devient une expérience de référence en vue d'un autre combat, peut-être plus difficile encore. Comme Dieu nous a secourus et aidés à vaincre dans le passé, il nous donnera la victoire pour ce qui est devant nous! Telle est la foi qu'il veut nous donner!

Regard sur le présent et l'avenir: Deutéronome 29.9-28

Instant solennel: Deutéronome 29.9-14

Avant de poursuivre son discours, Moïse fait une pause pour rappeler le sérieux de l'enjeu du moment. Alors qu'Israël s'apprête à entrer dans le pays de la promesse, il est nécessaire que tout le peuple comprenne par quel engagement solennel il se lie à Dieu. L'alliance que Dieu contracte avec Israël n'est pas une parole légère. Faite sous serment, elle ne pourra être révoquée. Elle engage non seulement la génération sortie d'Egypte, mais l'avenir de la nation. L'alliance rend aussi bien l'Eternel redevable à Israël que l'inverse. Par elle, le nom et la réputation même de Dieu sont engagés dans le monde. Dieu, l'Eternel, ne se fera dorénavant connaître que d'une seule manière. Il ne sera plus seulement le Dieu d'Abraham, d'Isaac et de Jacob, mais le Dieu d'Israël. Israël, de même, n'est plus un peuple parmi d'autres. Il possède désormais un statut particulier qui le distingue, le met à part de tous: il est le peuple de Dieu, le Dieu unique et vrai. Comme un couple qui s'unit par les liens du mariage, Israël et Dieu, en faisant alliance, ne font plus qu'un. Ce qui affecte Israël affecte Dieu, ce qui corrompt Israël déshonore Dieu.

Une même alliance sous serment nous lie par Jésus-Christ à Dieu: Hébreux 6.17-18; 7.20-22. L'alliance nouvelle conclue entre Dieu et nous est cependant meilleure que l'ancienne. Toute l'ancienne reposait sur la capacité du peuple à la tenir. La nouvelle repose sur deux réalités qui ne sont en aucune manière liées à notre capacité. La première est la médiation parfaite accomplie en notre faveur par Jésus-Christ: Hébreux 7.18-25. La seconde tient à l'œuvre du Saint-Esprit, gravant lui-même les lois de Dieu dans nos cœurs: Hébreux 8.7-13. Que Dieu nous donne la foi de nous reposer entièrement sur lui et sur l'œuvre parfaite de Christ pour nous: c'est là ce qu'il nous demande!

Prévention: Deutéronome 29.15-20

Considérant l'avenir, Moïse prévient Israël de ce qu'il considère comme les trois plus grands dangers le guettant dans le pays promis. Objectif de la sortie d'Egypte et de l'exode du peuple, le pays promis n'est pas une fin en soi. Il n'y a aucun moment où Israël peut se relâcher. S'il ne veille, il peut d'un instant à l'autre perdre ce que des années de marche et de combat lui ont permis d'acquérir. Tout au long de son existence, le peuple de Dieu doit garder sa lucidité sur la dangerosité que représentent sa fragilité naturelle, son inconstance, sa vulnérabilité au péché et à la tentation s'il veut conserver les acquis matériels et spirituels que la grâce de Dieu lui a octroyés. D'où la pertinence des avertissements de Moïse!

* 1er danger: l'idolâtrie

Le premier danger dont Moïse prévient Israël est celui de l'idolâtrie. Qu'est-ce que l'idolâtrie? Quelle en est la source pour le peuple de Dieu? Si l'idolâtrie est naturelle aux peuples païens, privés de la connaissance du vrai Dieu, elle ne l'est pas pour Israël. L'idolâtrie ne peut venir en Israël que d'une seule manière: par l'imitation des autres peuples. Toute sa vie, tout au long de son existence, le peuple de Dieu doit manifester qu'il est un peuple saint, mis à part pour Dieu. Cette distinction doit être visible. Elle doit s'établir dans les faits et le comportement. Tout dans la vie du peuple de Dieu, son culte, ses valeurs, ses pratiques doit témoigner qu'il est un peuple séparé des autres. Le témoignage de Dieu au sein de son peuple repose non sur sa capacité à s'assimiler aux autres, mais à être différent d'eux. Pour formelle qu'elle soit, cette différence ne se limite cependant pas à cela. Elle révèle au monde l'inspiration qui en est l'origine: la connaissance de Yahvé, le Dieu unique, le Dieu d'Israël. Les pratiques, comme les attitudes du peuple de Dieu doivent en témoigner.

Sur les traces d'Israël, l'Eglise est aussi appelée à être un peuple à part dans le monde. Elle est bien au milieu du monde, mais séparée de lui: Jean 17.16. Elle n'est pas appelée à le copier, mais à manifester sa différence, due à l'Esprit qui l'habite. Ni les idoles, ni les techniques, ni les procédés qui ont cours dans le monde ne doivent servir de modèles à l'Eglise. C'est de son Chef, le Christ, de sa parole, de son exemple, de son Esprit qu'elle doit s'inspirer pour ses actes, ses choix et sa façon de se conduire dans le monde! L'Eglise ne doit pas être aveugle! Présente dans le monde, elle doit discerner quelles sont les idoles que le monde adore, non pour les adopter, mais pour s'en distancer. Dans une société où le clinquant, l'apparence, l'image, le brillant, l'éclat, le visible, l'amour de l'argent, la recherche du succès à tout prix comptent tant, elle doit se distinguer par ce qui distinguait Jésus du monde: le service, l'humilité, la faiblesse, le don de soi, l'espérance, la prière, la sainteté et l'amour. Que Dieu nous donne de marcher sur ses traces et de suivre son exemple: Jean 13.15; 1 Pierre 2.21-23.

* 2e danger: des péchés traités en surface

Le second danger à propos duquel Moïse met en garde Israël est celui qui consiste à ne pas traiter comme il se doit les causes de péché et de division qui peuvent survenir dans le peuple. Moïse le rappelle: pour qu'un mal soit éradiqué, il faut que ce qui en est la racine soit arraché. Tant qu'une racine subsiste dans le cœur, inévitablement la plante que l'on a coupée et que l'on croit disparue réapparaît. Le péché non traité à la racine est grave, non seulement par le tort qu'il cause en celui qui le commet, mais aussi par ce qu'il diffuse et répand parmi le peuple. Il agit, dit Moïse, tel un poison, une substance qui rend malade et peut même mener à la mort, ou telle l'absinthe, une des plantes les plus amères qui soient.

L'auteur de l'épître aux Hébreux reprend à l'adresse de l'Eglise de Jésus-Christ l'avertissement de Moïse. Il nous donne en même temps le remède efficace qui, seul, peut annihiler au milieu de nous le pouvoir nocif de l'absinthe. «Veillez, dit-il, à ce que personne ne se prive de la grâce de Dieu; à ce qu'aucune racine d'amertume, poussant des rejetons, ne produise du trouble et que plusieurs n'en soient infectés: Hébreux 12.15. La question se pose: de quoi vivons-nous entre frères et sœurs? De la grâce de Dieu, de cette conscience quotidienne qu'il ne nous traite pas selon nos péchés? Ou du ressentiment et de la rancœur provoqués par le fait que nous ne nous estimons pas traités à notre juste valeur par les autres, cf. 2 Samuel 16.5-12? Prenons note de l'avertissement de Moïse: après l'idolâtrie, les blessures profondes du cœur, non traitées par la grâce, sont le danger de nuisance le plus grand auquel est exposé le peuple de Dieu dans sa marche.

* 3e danger: une fausse sécurité dangereuse

Le dernier danger dont Moïse prévient Israël est celui de la fausse sécurité dans laquelle son statut de peuple élu de Dieu peut le plonger. Il y aurait beaucoup à dire là-dessus. Toute l'Ecriture témoigne, dès le début, que l'un des effets immédiats du péché est d'aveugler celui qui se laisse séduire. Alors que Dieu avertit nos premiers parents du danger de mort qui les attend s'ils prennent du fruit de l'arbre de la connaissance du bien et du mal, Satan les rassure: «Vous ne mourrez pas», Genèse 3.4. Alors qu'Israël est menacé par le roi de Babylone, le prophète Jérémie cherche à faire revenir le peuple de l'illusion dangereuse dans laquelle il se trouve: «Ne vous livrez pas à des espérances trompeuses, en disant: C'est ici le temple de l'Eternel, le temple de l'Eternel, le temple de l'Eternel», Jérémie 7.4. Comme si le fait d'avoir le temple était suffisant pour garantir la protection de Dieu!

Alors que nous sommes prompts à nous emparer des promesses de bénédiction de Dieu, nous faisons souvent preuve d'une réticence forte à considérer au même niveau la validité des menaces qui se trouvent juxtaposées à elles dans la même Parole de Dieu. Alors que les promesses sont pour nous, les menaces, pensons-nous, sont pour les autres, ceux qui ne sont pas le peuple de l'alliance. Moïse, comme les apôtres après lui, nous avertit du danger de considérer la grâce de Dieu dont nous sommes l'objet comme un prétexte pour vivre selon la chair, selon les désirs de notre cœur mauvais: Galates 5.13; Jude 4.

La grâce dont nous sommes l'objet de la part de Dieu ne sera jamais un chèque en blanc qui nous est donné pour vivre comme nous l'entendons. La grâce de Dieu, dit Paul, nous enseigne à renoncer à l'impiété et aux convoitises mondaines, et à vivre dans le siècle présent selon la sagesse, la justice et la piété, en attendant la bienheureuse espérance, et la manifestation de la gloire du grand Dieu et de notre Sauveur Jésus-Christ: Tite 2.12-13. Autant les promesses de Dieu se réalisent pour ceux qui s'attachent à lui de tout cœur, autant ses menaces sont mises à exécution envers ceux qui, sous prétexte de la grâce, abusent de sa bonté. Dans notre relation avec Dieu, dit Paul, bonté et sévérité doivent toutes deux être considérées à égalité: Romains 11.22. Jésus, le

Seigneur, qui ne permit pas aux pharisiens de lapider la femme adultère: Jean 8.11 est le même qui, quelque temps plus tard, frappa de mort Ananias et Saphira qui s'étaient moqués de lui dans son Eglise: Actes 5.5-10. Le pardon, dit le psalmiste, se trouve auprès de Dieu, non pour récidiver dans le péché, mais afin qu'on le craigne: Psaume 130.4.

Dieu tiendra parole: Deutéronome 29.21-28

La révélation des malheurs qui attendent Israël s'il se détourne de Dieu n'a pas seulement valeur de prévention et d'avertissement pour la génération sortie d'Egypte. Elle est aussi la preuve pour celles qui suivront, juives ou non, que le Dieu d'Israël est un Dieu qui tient parole. La fidélité avec laquelle Dieu accomplit à la lettre ses promesses et ses menaces est une des garanties les plus fortes de la fiabilité de son témoignage dans l'histoire. Les malheurs qui arrivent au peuple de Dieu sont le témoin éminent de plusieurs vérités à son sujet. Ils confirment à leur manière la liberté souveraine de Dieu d'agir comme il l'entend. S'il y a alliance entre Dieu et l'homme, celle-ci, souvenons-nous en, n'est profitable qu'à l'homme. Si, dans sa folie, l'homme se détourne du Dieu qui a fait alliance avec lui, le malheur ne sera pas pour Dieu mais pour l'homme. Ils enseignent ensuite à l'homme la nécessité, même dans un contexte de grâce, de conserver la crainte de son nom. Parce que Dieu n'est pas quelqu'un qui fait du favoritisme, les jugements qui, dans le passé, ont frappé les peuples rebelles à Dieu peuvent atteindre de la même manière le peuple de Dieu.

En annonçant d'avance ce qui va advenir à Israël, Moïse nous rappelle que c'est sur l'échelle du temps et des siècles que se construit le témoignage rendu par l'histoire à Dieu. En cela réside la valeur et l'utilité de la Bible. Elle est pour les hommes de tous les temps le récit circonstancié des hauts faits de Dieu au cours des siècles. Notre génération qui a la vue courte serait avisée de le comprendre. En la rejetant, elle se prive de la clé de la compréhension de l'histoire et du seul moyen par lequel elle peut juger de la valeur de ses actes. Moïse le dit en conclusion: s'il y a chez Dieu des choses qui nous sont cachées, ce qui nous est révélé l'est pour que nous le mettions en pratique. Ignorer la lumière de la Parole de Dieu, c'est opter pour les ténèbres et son cortège de frustrations, de souffrances et de malheurs. Qu'à l'écoute de ce que Dieu a fait, nos cœurs soient remplis de crainte et de respect pour son nom!

Chapitre 30

Retour futur d'Israël à Dieu: Deutéronome 30.1-6

Quoique les malédictions prononcées sur l'Israël désobéissant soient terribles, elles ne sont pas irréversibles. Le Dieu capable de bannir son peuple du territoire qu'il leur a promis et donné est aussi celui qui est capable de les y faire revenir. Quelle que soit l'extrémité de la détresse dans laquelle sera plongé le peuple de Dieu, la main de l'Eternel n'est pas trop courte pour le sauver et le rétablir. Esaïe, le prophète, le dira: une seule chose retient la main salvatrice de Dieu et l'empêche d'écouter le cri et la prière désespérée de son peuple: le péché: Esaïe 59.1-3. Mais que les dispositions du cœur du peuple changent, que, dans la misère dans laquelle il se trouve, il revienne à son Dieu, animé du désir de lui obéir et de mettre en pratique les paroles de sa loi, et Dieu est prêt à remuer ciel et terre pour le restaurer à sa place: cf. Luc 15.20-24.

Si le retour du peuple est possible par la grâce de Dieu, celui-ci sait cependant qu'il ne sera durable que par une opération profonde dans son cœur. Le cœur naturel de l'homme est trop versatile, trop instable pour être fiable. Seule une action de Dieu en lui peut donner à Dieu l'assurance que ses dispositions seront pérennes. Toute l'histoire d'Israël, peuple élu ayant reçu sa loi et ayant été l'objet de sa promesse, converge vers un seul but: rendre évidente aux yeux de tous la nécessité en l'homme de la circoncision du cœur pour l'amener à marcher avec et selon Dieu. Les siècles de désobéissance et de malheurs qu'a connus Israël, suite à l'alliance conclue entre Dieu et lui, n'ont pour objet qu'une seule chose: démontrer l'obligation d'une alliance nouvelle, non plus basée sur la capacité de l'homme pour plaire à Dieu, mais sur l'œuvre de Dieu en lui: cf. Hébreux 8.7-13. La mission de l'alliance ancienne n'avait qu'un seul objet: préparer les cœurs à entrer dans la nouvelle. Par l'ancienne, démonstration est faite qu'il faut à Israël un Sauveur pour ses péchés, une naissance nouvelle et spirituelle pour le rendre obéissant à Dieu. Et ce qui est nécessaire pour Israël l'est d'autant plus pour le monde.

Inversion des situations: Deutéronome 30.7-10

Israël étant en mesure d'obéir à son Dieu par la circoncision du cœur, une inversion complète des situations va se produire: la malédiction qui pesait sur Israël va être retirée pour se placer désormais sur les peuples qui le haïssent et le persécutent. Préservés jusque-là des maux qui ont frappé le peuple de Dieu, ils vont découvrir à leur tour ce que signifie être l'objet du courroux de Dieu. Rétabli, Israël sera restauré. La bénédiction qui avait fui va revenir et couvrir le pays. Les peuples verront alors et comprendront que le Dieu d'Israël n'est pas un Dieu mort, mais le Dieu véritable, le Dieu fidèle à sa Parole et à ses engagements.

Le rétablissement d'Israël dans la faveur de Dieu n'est pas chose secondaire. Comme tous les autres aspects de son histoire, il fait partie des éléments sur lesquels le témoignage de la fiabilité et de la crédibilité de la Parole de Dieu repose. Parce qu'il constitue le dénouement heureux du parcours tourmenté du peuple de Dieu, il est le sceau qui atteste de la fidélité de Dieu dans l'alliance conclue avec lui. Cette même fin heureuse est promise et garantie au peuple de la nouvelle alliance: Romains 6.22. Que par l'œuvre de ta grâce, nos vies consacrées servent à magnifier ta bonté aux yeux du monde, ô Dieu!

Un commandement accessible: Deutéronome 30.11-14

Au regard de la hauteur des exigences de la loi de Dieu, Israël pourrait se dire que l'obéissance requise est hors de sa portée et au-delà de ses forces. Connaissant notre nature mauvaise et encline au péché, c'est ici encore notre première réaction face au défi que représentent les commandements de Dieu dans notre vie. Moïse tient à rassurer le peuple de Dieu. La clé de l'obéissance à Dieu ne se trouve ni dans un lieu inaccessible, tel le ciel, ni hors de portée de nos forces présentes, tel un pays lointain. Elle se trouve à l'intérieur de la vie de chacun, dans le lieu le plus caché de son être, son propre cœur. C'est ici en effet que se décide pour chacun la voie qu'il va suivre. L'obéissance au commandement donné par Dieu d'obéir et de pratiquer la loi est possible. Mais elle ne l'est que sur la base d'une relation personnelle intime avec lui, qu'à partir d'un cœur qui l'aime au-dessus de tout!

Impossible sous le seul régime de la loi, cette relation, dit Paul, nous est donnée en Christ par la foi: Romains 10.5-10. Lié à Christ par la foi, nous avons en lui ce que la seule connaissance de la loi était incapable de produire: le cœur, la vie qui rend possible la pratique des ordonnances prescrites par la loi. Qui veut obéir à Dieu ne le peut que d'une seule manière: en l'aimant. Qui veut l'aimer ne le peut que par un seul moyen: en confessant la seigneurie de Christ sur sa vie! Qui veut que Christ soit Seigneur ne le peut que par un seul chemin: la croix. Christ ne peut régner dans nos cœurs que dans la mesure où il en occupe le trône. Mis à sa juste place face à Christ, le moi peut aimer Dieu et lui obéir! En concurrence avec lui, il ne peut que rendre difficile et, à terme, impossible la soumission!

Choisis: Deutéronome 30.15-20

Le peuple mené au bord du Jourdain, frontière qui le sépare du pays promis, Moïse sait que sa tâche est terminée. L'avenir d'Israël n'est plus désormais entre ses mains, mais dans celles du peuple. En toute connaissance de cause, Israël sait à quoi s'en tenir. Son devenir n'est pas incertain. Il a été écrit et tracé en toutes lettres dans la loi et dans l'exposé des bénédictions et des malédictions qui l'attendent selon son attitude et son comportement. Toutes les promesses de bonheur et les menaces de malheur sont, avec Canaan, devant lui. Le choix de la destinée d'Israël lui appartient.

En bon pédagogue, Moïse, une dernière fois, exhorte son peuple à l'intelligence. Il l'appelle à choisir, non la mort mais la vie, non le malheur mais le bonheur, non la malédiction mais la bénédiction. Le choix de l'un ou l'autre avenir est lié à une seule chose: la disposition de leur cœur à l'égard de Dieu. Ou Israël aime Dieu et le manifeste en s'attachant aux prescriptions de sa loi, et il vivra et se multipliera dans le pays. Ou il l'oublie, se détourne de lui et s'attache à d'autres dieux pour les servir, et ses jours ne se prolongeront pas dans la terre promise. Mais qu'Israël le sache! Dieu en prend à témoin le ciel et la terre: cf. Esaïe 1.2! Selon le choix que fera le peuple de Dieu, les promesses comme les menaces données s'accompliront à la lettre!

A l'image d'Israël, nul de nous, chrétiens, ne peut invoquer l'ignorance pour justifier le choix qu'il fait de désobéir à Dieu. Tout, dans la Parole de Dieu, est écrit d'avance: le chemin qui mène au bonheur comme celui qui conduit au malheur. Si l'on peut se tromper soi-même, on ne peut tromper Dieu, celui qui pèse les cœurs: Proverbes 24.12. Chacun de nos choix est un choix responsable, un choix du cœur! Ce que nous disons, faisons, ce à quoi nous nous attachons, ce que nous suivons et pratiquons, tout cela témoigne d'une seule chose: cela dit à Dieu, en réponse à son amour pour nous, dans quelle mesure nous l'aimons. La vie chrétienne n'est qu'une question de préférence: ou notre cœur opte pour Dieu, ou pour d'autres dieux, y compris nos plus proches: Luc 14.26-27. L'emprise de la croix dans nos vies est la démonstration la plus forte de l'impact qu'a l'amour de Dieu sur nos cœurs: Galates 6.14; 1 Jean 2.15-17; Jacques 4.4 Que son empire grandisse jour après jour en nous!

Chapitre 31

Passation de pouvoir: Deutéronome 31.1-8

Après avoir mené le peuple de Dieu pendant 40 ans, Moïse, âgé de 120 ans, sait que l'heure de déposer sa fonction pour la confier à un autre est venue. Deux contraintes l'y obligent: d'une part, son grand âge, d'autre part, la parole formelle de Dieu au jour où, en tant que leader, il a péché devant le peuple. Dieu s'y était engagé: Moïse allait conduire le peuple jusqu'aux abords du pays promis, mais il n'y entrerait pas: Nombres 20.12. Personnage clé de la sortie d'Israël d'Egypte, Moïse, en vue de préparer le peuple à ce qui est devant lui, n'a qu'une seule préoccupation: au-delà des hommes dont il se sert pour accomplir son œuvre, il désire que ce soit sur Dieu, et Dieu seul, que le peuple porte son regard et place sa foi pour la suite des opérations. Certes, un autre chef va être désigné, Josué. Mais ce chef n'a pas plus de pouvoir en lui-même que Moïse n'en avait. Comme Moïse a du entièrement s'appuyer sur Dieu pour mener à bien sa mission, il en sera de même pour Josué. Ce n'est pas lui, mais l'Eternel qui fera entrer Israël dans le pays et lui donnera d'en prendre possession en délogeant ses habitants.

A l'entrée de cette nouvelle étape, Israël n'est pas sans point de référence. Il a vu comment, par sa puissance, Dieu a vaincu les Amoréens et leurs rois Sihon et Og en Transjordanie. Les Israélites peuvent savoir que ce Dieu qui les assistés lors de ces deux premières batailles se tiendra à côté d'eux dans celles à venir. Les Israélites, et Josué avec eux, peuvent compter sur la présence fidèle de Dieu: il sera avec eux et ne les abandonnera pas. Il y va de son honneur et de la crédibilité de sa Parole.

Après le peuple, Moïse s'adresse directement à Josué. Si le peuple a besoin d'entendre de manière générale les promesses de Dieu, Josué, pour mener à bien sa mission, a besoin d'une parole personnelle. Moïse la lui donne ici et l'Eternel la lui rappellera après son départ: Josué 1.2-9. La même exhortation à la foi et au courage lui est donnée. Dieu fait ici comprendre deux choses. Au peuple, il montre que Josué ne lui est pas supérieur. Il est un homme comme eux, fait de chair et de sang, qui n'a aucun pouvoir, aucune force en lui-même. La force qui soutient Josué est la même qui doit soutenir le peuple pour aller de l'avant. A Josué, il lui dit en quoi consiste son rôle. Il doit être le modèle, celui qui marche devant le peuple, l'exemple à suivre dans la foi et l'engagement. Telle est la mission de tout leader selon Dieu.

La suite prouvera que Dieu ne s'est pas trompé en choisissant Josué pour succéder à Moïse. Formé à ses côtés, Josué aura déjà eu maintes occasions de s'essayer aux responsabilités. Alors que Moïse était sur la montagne avec Aaron et Hur, c'est lui qui conduira l'armée d'Israël pour combattre Amalek et le vaincre: Exode 17.10-13. Jusqu'à une certaine distance, Josué fut aussi le seul à accompagner Moïse sur la montagne de Dieu au moment où il reçut les tables de la loi: Exode 24.12-13. Parmi les douze espions envoyés par Moïse pour explorer le pays, Josué fut le seul avec Caleb à en faire un rapport positif: Nombres 13.8; 14.6-7. Collaborateur de Moïse, Josué n'en fut pas pour autant que l'ombre. Très tôt, il fit preuve d'une soif spirituelle personnelle qui le conduisit à privilégier pour lui-même le temps passé dans la présence de Dieu: Exode 33.11. Josué ne fut pas désigné de manière arbitraire par Dieu à la place de Moïse. Sa prise de fonction s'impose comme une évidence. Elle est la suite logique de ses engagements et de la piété dont il fit preuve jusque-là. Que Dieu nous garde de Dathan: Nombres 16.1-3 et suscite aujourd'hui de nombreux Josué qui, équipés par lui, sauront succéder dans son œuvre aux nombreux Moïse déclinant!

Les prêtres, dépositaires de la loi: Deutéronome 31.9-13

Après avoir remis son bâton de guide à Josué, Moïse se défait de sa charge d'enseignant pour la confier, avec une copie de la loi reçue de Dieu, aux prêtres et aux anciens d'Israël. Tout est prêt désormais pour qu'Israël vive: le pays est devant eux, un nouveau leader est désigné et la loi de Dieu est entre leurs mains. Un rythme est même fixé par Moïse pour enseigner le peuple: une lecture de la loi dans son intégralité aura lieu tous les sept ans lors du grand rassemblement de la fête des tentes. Cette planification imposée est didactique: elle a pour objet, non seulement le rappel de la loi, mais son enseignement aux nouvelles générations. Le but est que ceux qui n'ont pas connu les grandes œuvres que l'Eternel a faites pour les sauver et les introduire en Canaan apprennent aussi à le connaître pour le craindre et mettre en pratique ses commandements.

Jusqu'à la fin des temps, le rôle de l'enseignement, de la transmission et de la commémoration des hauts faits de Dieu dans l'histoire restera primordial pour le peuple de Dieu. La charge confiée aux prêtres repose désormais sur tous les chrétiens, devenus tous prêtres: Apocalypse 1.6. Outre notre mission de témoins: Actes 1.8, nous avons la charge de dire et d'enseigner aux générations qui nous suivent ce que Dieu, en Christ, a dit et fait pour nous. Nous devons travailler à enseigner ces choses, non dans le simple but de la connaissance, mais en vue de l'obéissance de la foi: Matthieu 28.20. Que Dieu nous donne d'être fidèles et actifs à ce sujet!

Dernières paroles de Dieu à Moïse: Deutéronome 31.14-22

La mission de Moïse achevée, Dieu, une dernière fois, s'adresse à lui. A la vue de tout le peuple, il le convoque pour une rencontre ultime à la tente d'assignation en compagnie de Josué, son successeur. Paraissant dans la nuée qui les a guidés tout au long de leur périple dans le désert, Dieu confirme aux deux chefs sa vision de l'avenir du peuple. Le peuple va bien entrer dans le pays que Dieu lui a promis, pays d'abondance où ruissellent le lait et le miel! Mais l'abondance dont il va jouir va finir par le perdre. Devenu riche, prospère, Israël va oublier son Dieu. Aveuglé par le bien-être, endormi par la facilité, l'aisance, le confort, il va perdre de vue celui à qui il doit tous les bienfaits dont il profite. Ingrat envers Dieu, il va lui devenir infidèle. Le premier, il va rompre l'alliance dans laquelle il s'était engagé à n'avoir comme Dieu unique que l'Eternel: Deutéronome 29.12. Dès lors, en accord avec les clauses du contrat qui le lie à son Dieu, Israël connaîtra, après la bénédiction, tous les malheurs et les détresses énoncés dans la malédiction. Privé de la présence de son Dieu, le pays sera livré au pouvoir de ses ennemis qui le dévoreront.

Dieu le dit à Moïse! Les prévisions qu'il fait sur le devenir d'Israël sont certaines. Elles ne reposent en rien sur des anticipations hasardeuses. Elles sont le prolongement inévitable des dispositions de cœur du peuple, alors même qu'il n'est pas entré en possession du pays. On pourrait penser que, comblé par Dieu, le peuple reconnaissant s'attache plus fortement à lui que dans le désert où il est éprouvé. Il n'en est rien! Dieu, en fait, dit même l'inverse! Si le désert sollicite l'examen de soi et oblige le cœur à des choix et une prise de position, le pays de l'abondance désarme toute vigilance. Ce que la difficulté ne produit pas, il est impossible, prophétise Dieu à Moïse, que la facilité le fasse. C'est donc avec justesse et sans risque d'erreur que, à partir de ce qu'il constate de l'état du cœur du peuple dans le présent, Dieu projette son devenir.

Il pourrait être décourageant pour Moïse, qui termine sa mission, et Josué, qui l'inaugure, d'entendre le pronostic de Dieu sur l'avenir. Tout leader doit apprendre que sa responsabilité repose sur sa fidélité personnelle à Dieu, non sur les résultats que celle-ci produit chez les autres. Chacun, dit Paul, recevra la louange qui lui est due et sera récompensé par Dieu pour son œuvre propre: 1 Corinthiens 4.5; Romains 14.12. A cette fin, et en vue de dédouaner aussi bien Moïse pour son œuvre passée que Josué pour celle à venir, Dieu donne comme dernier ordre à Moïse d'enseigner à tout Israël un chant qui, dans l'avenir, jouera le rôle de témoin contre eux. Un chant n'est pas une personne. Il a cependant l'avantage d'être le porteur d'un message que l'on n'oublie pas. Telle est la vertu première du chant d'ancrer en nous des paroles que la mémoire retient. Moïse, et Josué après lui, disparaîtront. Mais les paroles du chant qu'ils auront laissé en héritage subsisteront. Elles traverseront les générations pour dire et redire à Israël le pourquoi précis de leurs malheurs et de leurs détresses. Que Dieu donne à Israël d'entendre et d'écouter pour toujours la voix de Moïse, le leader qui aimait tant son peuple!

Premières paroles de Dieu à Josué: Deutéronome 31.22

Après Moïse, c'est à Josué que l'Eternel s'adresse pour lui dire ce que Moïse lui a déjà dit: Deutéronome 31.7. Le flambeau est désormais passé. L'œuvre de Dieu se poursuit mais le bâton de commandement change de main. Il passe de Moïse à Josué. La mission de chacun est et sera différente. Moïse fut le libérateur, Josué sera le conquérant. Moïse a été le porteur des tables de la loi, Josué se ceindra de l'épée du guerrier. Au fil des générations, au-delà des hommes que Dieu emploie, le même dessein se poursuit. Dieu réalise ses promesses et accomplit sa Parole! Il poursuit son œuvre en vue de l'objectif lointain qui est le sien: se former un peuple qui soit à lui, pour sa gloire!

Pour l'heure, c'est à Josué de s'approprier les promesses de Dieu pour la mission qui est devant lui. Moïse est sur le point de rendre son tablier. Les paroles de Paul à la même étape peuvent lui être appliquées: 2 Timothée 4.6-8. Il n'y aura pas entre Josué et Dieu le même dialogue qu'entre Moïse et lui le jour de son appel: Exode 2–3. En ce temps, Moïse n'avait aucun précédent sur lequel s'appuyer pour relever dans la foi le défi auquel Dieu l'appelait. Josué, pour sa part, a déjà vu Dieu à l'œuvre. Il a vu les dix plaies, la mer qui s'est ouverte pour laisser passer les Israélites. Il a vu les cadavres des Egyptiens sur la plage après qu'elle s'est refermée. Il a mangé la manne, bu à l'eau du rocher. Même s'il se sent aussi dépourvu que Moïse, Josué sait que les promesses de Dieu ne sont pas paroles en l'air. Certes, chaque mission est nouvelle. Mais l'avantage de celui qui succède à un autre, c'est qu'il peut s'appuyer sur le témoignage de son prédécesseur. Le Dieu qui a manifesté sa puissance dans le passé pour accomplir son dessein le fera aussi sûrement dans l'avenir! Tirons les leçons de la continuité manifeste dans l'œuvre de Dieu. Autre est celui qui sème, autre est celui qui moissonne! Nous sommes parfois les premiers, parfois les seconds: Jean 4.37-38. Mais, du début à la fin, c'est encore et toujours le même Dieu qui agit!

Comme ce fut le cas pour Moïse, la parole que Dieu adresse à Josué est personnelle. Dieu désigne clairement Josué comme celui qu'il choisit pour poursuivre son œuvre. Tout serviteur de Dieu a besoin de l'appel personnel de Dieu pour entrer dans l'œuvre de Dieu. Cet appel est la source unique du courage et de la persévérance indispensables à l'homme de Dieu pour aller au bout de sa mission. Qui n'a pas reçu l'appel de Dieu n'est pas qualifié. Il n'a rien sur lequel s'appuyer pour relever les défis qui se présentent à lui. L'appel, certes, ne dispense ni du courage, ni de la consécration nécessaires. Mais sans le premier, les seconds sont inutiles. Que Dieu soit béni pour sa fidélité séculaire! Le Dieu qui a appelé et soutenu Moïse et Josué est aussi celui qui, en Christ, nous appelle aujourd'hui à être ses disciples et témoins! Comme il a été avec eux, il sera avec nous jusqu'au bout!

La place du livre de la loi: Deutéronome 31.24-29

La loi donnée, Moïse la confia aux Lévites pour qu'ils la mettent eux-mêmes à côté de l'arche de l'alliance. Le but de la présence de la loi à cet endroit est clairement défini par Moïse. La loi a pour objet de servir de témoignage perpétuel contre les Israélites. Aux côtés de l'arche, elle est là pour leur rappeler sur quelle base et selon quelles clauses Israël peut être et demeurer le peuple de l'alliance. La loi est un gardien et le garant sur le plan juridique des engagements pris à la fois par Dieu et Israël au travers de l'alliance. La loi est aussi un repère. Alors qu'elle était perdue, sa simple redécouverte au temps de Josias suffira pour que le peuple et le roi comprennent pourquoi Israël se trouve dans l'état dans lequel il est: 2 Rois 22.11-13. La loi est la source de la force et de la volonté de la réforme. La loi retrouvée, l'alliance est renouvelée: 2 Rois 23.1-3. L'alliance renouvelée, les dispositions pratiques sont prises pour mettre un terme aux péchés et à l'idolâtrie pratiqués et restaurer le culte à rendre à Dieu: 2 Rois 23.4-25. Rien n'est plus fort que la loi pour inverser le cours fatidique de l'histoire et opérer les changements nécessaires à la restauration de la relation d'un peuple avec Dieu!

La loi donnée, Moïse rappelle aux Lévites ce que l'Eternel lui a dit au sujet du devenir du peuple. Comme Dieu, il ne se fait pas d'illusion sur ce qui va se produire. La raison avancée au sujet de sa certitude diffère quelque peu de celle de Dieu. Dieu prédisait la corruption future du peuple à cause des dispositions de cœur qui se manifestaient en Israël avant même qu'ils entrent en Canaan: Deutéronome 31.21. Moïse y ajoute le fait que si, alors qu'il est parmi eux, Israël est rebelle, à combien plus forte raison le sera-t-il quand il ne sera plus. L'attitude que le peuple a envers son chef est révélatrice de l'attitude qu'il a envers son Dieu. Le chef n'est que le délégué de Dieu parmi le peuple. Placé à sa tête, il a pour mission de l'instruire pour le mener dans ses voies. Aussi, obéir au chef, l'autorité déléguée, dans l'exercice de sa fonction, c'est obéir à Dieu qui l'a qualifié et envoyé. Lui être rebelle, c'est s'opposer à celui qui l'a mandaté. Que Dieu nous donne d'être pour nos conducteurs une aide et non une cause de tristesse et de fardeau: Hébreux 13.17.

Chapitre 32

Comme l'Eternel le lui a commandé, Moïse transmet à l'adresse des Israélites les paroles du chant destiné à servir à l'avenir de témoin contre eux des raisons de leur malheur futur: Deutéronome 32.19, 21. Plus qu'un cantique, le chant donné par Dieu est un réquisitoire. Il est présenté comme un véritable procès dressé contre son peuple, procès dans lequel l'avocat de Dieu fait entendre tour à tour les arguments de la défense et de l'accusation. Le chant, pourtant, ne s'achève pas par une condamnation. La note finale, à la gloire de Dieu, est celle de la grâce! Mettons-nous maintenant assis dans le prétoire! Et prenons connaissance à la fois des témoins du procès, des éléments du dossier, des accusés et de la victime!

1. Le jury: Deutéronome 32.1

Les premiers à être interpellés par l'avocat de la défense sont les membres du jury, qui n'est pas composé ici d'êtres humains. C'est la création entière, ciel et terre, qui est ici appelée à entendre, écouter pour juger. La création n'est pas ignorante de la bonté, de la fidélité ou de la justice de Dieu, vertus mises en question dans le dossier. Elle ne sait que trop bien combien elle-même ne subsiste que par elles: Psaume 65.10-14; 104. La création est donc qualifiée pour être le jury du procès.

Le choix de faire appel à la création comme jury dans les procès qui mettent en cause la justice de Dieu n'est pas propre à ce chant. L'Eternel, par la voix de Moïse, l'a déjà fait dans le livre: Deutéronome 4.26; 30.19. Les prophètes feront de même: Esaïe 1.2; Jérémie 2.12; 6.19; 22.29. L'appel adressé par l'avocat de Dieu aux cieux et à la terre pour juger de la justice de sa cause exprime à la fois la gravité du sujet du conflit à l'origine du procès et l'indignation qu'il provoque chez celui qui est mis en cause. Le temps du jugement qui vient le montrera: les cieux et la terre, toute la création, sont partie prenante de la condamnation de tous ceux qui voudraient mettre Dieu sur le banc des accusés.

2. Prière d'introduction: Deutéronome 32.2

Le jury interpellé, l'avocat peut commencer sa plaidoirie. Bien que préparé, son souci premier n'est pas d'étaler ses arguments. Ce qu'il souhaite par-dessus tout, c'est d'être inspiré. Défendre la cause de Dieu ne peut se faire en dehors de cette condition. Les amis de Job ont voulu défendre par eux-mêmes la cause de Dieu devant lui. A la fin, ce sont eux qui se sont fait reprendre. Le reproche de Dieu à leur encontre est explicite: «Vous n'avez pas parlé de moi correctement»: Job 42.8. Comment le pourrait-on sans inspiration? Toute parole que nous prononçons devant les hommes pour la cause de Dieu n'a de sens, d'autorité et de légitimité que si elle procède de l'illumination qui vient du Saint-Esprit. Cette réalité justifie le bien-fondé de la prière, du vœu que formule l'avocat en prenant la parole: que son savoir se déverse comme la pluie, que ses paroles coulent comme la rosée. Seules les paroles inspirées de Dieu sont porteuses de vie. Même si elle est dure à entendre au début, la parole proclamée vise toujours le bien, le renouvellement, le rafraîchissement. La plaidoirie de l'avocat de Dieu, destinée à être pour les générations qui suivent un témoignage contre Israël, ne déroge pas au principe. Elle se termine, non par la condamnation, mais sur une note d'espérance!

Conscient de la responsabilité qui pèse sur un tel ministère, l'apôtre Jacques enjoint les croyants à ne pas vouloir être nombreux à enseigner. Ceux qui enseignent, précise-t-il, seront jugés plus sévèrement que les autres: Jacques 3.1. Les enseignants de la Parole doivent être conscients de manière permanente qu'ils ne sont pas propriétaires du message dont ils ont la charge. Ils devront en rendre compte à Dieu. Le but de la prédication ne doit pas être pour l'enseignant de transmettre ses propres vues sur Dieu, mais d'être fidèle dans l'apport de ce que Dieu lui aura inspiré. Toute prédication nécessite prière, méditation, silence devant Dieu pour recevoir en premier lieu le message dont il veut que l'enseignant soit porteur. De même, la prédication passe à côté de son but si elle ne produit pas un renouvellement intérieur dans le cœur de ceux qui la reçoivent. La vérité, si dure soit-elle, doit être dite! Mais la parole ne doit blesser que pour mieux guérir! Tout autre usage de celle-ci est contraire au but de Dieu!

Justification de Dieu: Deutéronome 32.3-6

Témoignage de l'infidélité d'Israël, le chant composé par Moïse est par ricochet un plaidoyer en faveur de la justice de Dieu. Moïse tient à le souligner dès le début. S'il dénonce l'inconstance d'Israël, source de tous ses malheurs, ce n'est pas seulement pour que le peuple des générations futures sache la cause de ce qui lui arrive. C'est aussi pour magnifier, à travers l'histoire de son peuple, les vertus de Dieu. Le monde comme le peuple de Dieu doit le savoir. Le Dieu d'Israël ne peut être associé aux travers du peuple qu'il s'est formé. Si Israël change, lui ne change pas! Il est le Rocher, toujours fidèle à ce qu'il est. Si Israël n'est pas fiable, lui l'est toujours. Il est le Dieu, juste, droit, équitable dans toutes ses voies! La faute dans l'échec vécu par Israël ne repose donc en rien sur lui. Elle est tout entière de la responsabilité d'Israël, peuple retors, ingrat, insensé!

Quelle que soit son attitude à son égard, le comportement du peuple de Dieu ne peut à terme porter préjudice à Dieu. Il finira toujours par être reconnu pour vrai, et l'homme pour menteur: Romains 3.4. Si la bénédiction justifie la parole divine, la malédiction ne la dément pas. Toutes deux, à leur manière, rendent gloire à Dieu: Romains 9.14-23. Le peuple a deux moyens de justifier Dieu: l'obéissance ou la désobéissance. Dans le premier cas, la bénédiction en est le fruit, dans le second, c'est le malheur et la correction. Que, par ta grâce, ma vie témoigne de plus en plus, ô Dieu, du saint respect que j'ai pour ton nom glorieux!

Amnésie et ingratitude d'Israël: Deutéronome 32.7-14

La proclamation de la justice totale de Dieu dans les malheurs qui surviendront à Israël n'est pas gratuite. Elle se fonde sur des preuves. Pour les apporter, l'avocat de la cause de Dieu fait appel à la mémoire d'Israël, au témoignage des pères. Que le Très-Haut n'a-t-il pas fait pour Israël qui atteste de son amour envers lui et du prix qu'il a à ses yeux? Avant même qu'il existe, c'est en vue de sa formation qu'il a attribué à chaque peuple sa place et ses limites dans le monde. A cause de son élection, Israël est placé par la volonté de Dieu au centre du monde. Dès sa naissance, Israël a été l'objet de toutes les attentions de Dieu. Pareil à un aigle qui veille avec tendresse sur ses petits, il a déployé envers Israël des trésors de sollicitude. Il l'a porté, protégé, nourri des meilleurs produits. Il a fait pour lui ce qu'il n'a fait pour aucun autre peuple. Il a dépouillé d'autres pour que, non seulement il vive, mais qu'Israël ait les meilleures parts de viande et des fruits de la terre.

Le problème premier d'Israël, dit l'avocat de la cause de Dieu, est un problème d'amnésie. Israël a vu, connu, goûté à la bonté de Dieu comme nul autre. Mais il l'a oublié. La grâce dont il était l'objet est devenue un dû, une norme. Habitué à être béni, choyé, il est devenu ingrat. L'exemple d'Israël nous avertit, nous qui sommes à notre tour les élus de Dieu en Jésus-Christ: Ephésiens 1.4. Nous pouvons comme lui devenir oublieux de toute la grâce et les bontés dont nous avons été l'objet. Nous pouvons oublier Jésus-Christ, sa vie livrée pour nous en sacrifice. Nous pouvons mettre en oubli le pardon, la rédemption dont nous sommes l'objet. Nous pouvons occulter toutes les marques d'attention de Dieu à notre égard, les preuves de notre élection par rapport à d'autres. Nous sombrerons alors vite dans l'ingratitude, source de toutes les révoltes et de tous les égarements: Romains 1.21-23. Apprenons à compter les bienfaits de Dieu: Psaume 103.2, à les mettre tous devant nos yeux! Nous verrons en adorant combien le nombre en est grand!

Péché d'Israël et sa cause: Deutéronome 32.15-18

Oublieux des bienfaits dont il a été l'objet, Israël, le bien-aimé de Dieu, n'a songé à en user que pour son profit. Abandonnant toute mesure et maîtrise de lui-même, Israël va devenir gras, ruisselant de santé. Imbu de lui-même, il va alors se détourner de Dieu, source de sa richesse et de son bien-être, pour se tourner vers les dieux étrangers à sa propre histoire. Les dieux que va suivre Israël, prédit Moïse, ne sont pas seulement ceux qu'il a vu adorés par les autres peuples. Israël va aussi adopter au cours du temps les dieux nouveaux proposés sur le marché de l'idolâtrie.

Plus qu'un adultère, l'adhésion d'Israël aux dieux étrangers est, aux yeux de Dieu, une abomination. Quelle qu'elle soit, une idole n'est pas seulement un objet, une fausse représentation de la Divinité. C'est un pont qui crée un lien spirituel avec une ou des puissances mauvaises: 1 Corinthiens 10.19-20. L'idolâtrie d'Israël est plus qu'un rejet de Dieu: c'est un reniement de sa paternité, la marque d'un mépris profond envers lui, qui l'a engendré à la vie!

La cause du péché d'Israël nous rappelle qu'il n'y a pas plus grand danger pour la vie spirituelle du peuple de Dieu que l'aisance, le confort, le bien-être. Ce qu'Israël est dans l'Ancien Testament, l'Eglise locale de Laodicée l'est dans le nouveau: Apocalypse 3.14-22. Eglise devenue riche, prospère, autosuffisante, elle ne réalise pas à quel point elle est en réalité pauvre, misérable, aveugle et nue. Le constat est là: il y a souvent une relation de cause à effet entre l'apparente prospérité matérielle d'une Eglise et sa pauvreté spirituelle. Veillons! Ne donnons pas au temps qui passe l'occasion de nous faire oublier d'où nous venons, de quelle situation Dieu nous a sortis, de quelle grâce nous avons été l'objet! Veillons à ce que la bénédiction de Dieu ne se transforme, par l'effet pervers de notre cœur, en malédiction. Que le bien-être ne supplante pas dans nos cœurs la place première qui revient à Dieu, et ne nous fasse dévier vers l'idolâtrie! Que la mémoire de tes bienfaits dans nos vies, ô Dieu, soit toujours vive dans nos cœurs et nos esprits!

Réaction de Dieu au péché d'Israël: Deutéronome 32.19-25

Si Dieu est un Dieu de grâce et de bonté, il est aussi un Dieu dont on ne se moque pas. Le mépris dont Israël va faire preuve envers lui ne saurait le laisser insensible. Dieu n'est pas une entité impersonnelle. Il est un Dieu doté d'un cœur capable de ressentir. L'amour de Dieu pour Israël ne recevant pour réponse que le dédain, le Seigneur va devoir agir. Conformément aux clauses de l'alliance, le Seigneur va se détourner de son peuple. Puisqu'ils l'ont provoqué par leurs adultères, à leur tour, il annonce qu'il va les provoquer en favorisant contre eux une nation insensée. L'Eternel leur rendra ainsi la monnaie de leur pièce: puisqu'ils adorent des dieux qui n'en sont pas, ils devront subir la violence d'un peuple qui n'en est pas un! Sous l'effet de l'ingratitude d'Israël, la bénédiction de Dieu va tarir pour se changer en malédiction. Le feu de sa colère va s'embraser causant au pays, selon son engagement, malheur sur malheur.

Lorsque le mal atteint le peuple de Dieu, sa source n'est pas en Dieu. Nous abandonnons Dieu avant qu'il ne nous abandonne! Dieu ne fait que calquer son attitude envers nous sur celle dont nous faisons preuve envers lui. Si nous le méprisons, il nous méprisera; si nous l'honorons, il saura se montrer reconnaissant: Psaume 18.25-27; Hébreux 6.10. Dieu est lent à la colère, patient, riche en bonté et en fidélité. Mais ces qualités intrinsèques de Dieu ne doivent jamais être une justification à notre légèreté envers Dieu. La grâce dont nous sommes l'objet de sa part ne doit jamais éclipser en nous la crainte qui lui est due! Que son amour suscite en nous un saint respect pour son nom! Car c'est de lui, par lui, mais aussi pour lui que nous vivons!

Le paramètre des ennemis: Deutéronome 32.26-33

L'Eternel le dit ici: si cela ne tenait qu'à lui, Israël ne subsisterait pas. Son ingratitude, ses infidélités, le mépris affiché à son égard justifieraient à eux seuls une rupture de l'alliance qu'il a contractée avec lui. A plusieurs reprises déjà dans le désert, il aurait pu détruire le peuple rebelle pour recommencer une nouvelle histoire avec Moïse: Exode 32.9-10; Deutéronome 9.14-19: Nombres 17.10.

Cette fois-ci encore, l'Eternel ne le fera pas. Il retiendra sa colère. La raison évoquée est explicite. Ce qui motive l'Eternel à préserver Israël, n'est pas Israël mais la fausse interprétation, la méprise dont pourraient être victimes ses ennemis en le détruisant. Imbus d'eux-mêmes, ceux-ci penseraient inévitablement que leur succès est dû à leur force ou à la supériorité de leurs divinités sur le Dieu d'Israël. Dieu tient à châtier Israël: il le mérite largement. Mais il tient aussi à ce que ce châtiment ne soit pas mal compris par les ennemis du peuple élu! Israël livré à lui-même, privé de la protection de Dieu, sera battu à plate couture par ses ennemis. Mais, à cause de la gloire de Dieu, de son honneur et de sa réputation, Israël subsistera!

C'est une grâce pour le peuple de Dieu que sa gloire, son honneur passent au-dessus des liens qui nous unissent à lui dans le cadre de son alliance. La jalousie de Dieu n'a pas d'abord pour raison d'être l'amour qu'il nous porte mais l'honneur de son nom. Dieu est le Dieu unique, et il y tient: il ne doit y avoir ni confusion ni ambiguïté quant à cette réalité: Deutéronome 32.39. Le prix que Dieu attache au témoignage de ce qu'il est passe avant le prix que nous avons dans son cœur! Que personne ne s'abuse donc lui-même en pensant que, parce qu'il est un élu, il peut tout se permettre sans risque majeur. Il se méprendrait, tout comme Lucifer et d'autres se sont mépris sur le sujet! Que la grâce dont nous sommes l'objet de la part de Dieu fasse de nous des sujets humbles et infiniment reconnaissants!

Conclusion: Deutéronome 32.34-43

S'il est juste qu'Israël soit châtié pour ses péchés et ses infidélités, il est tout aussi légitime que le jugement de Dieu s'applique à ses adversaires. Le jugement qui a atteint Israël avait un but: celui de l'amener à comprendre qui, des faux dieux qu'il a suivis ou de l'Eternel, est Dieu. Réduit à néant, Israël, abandonné de Dieu, ne peut que conclure. Sa propre expérience en est la preuve éclatante. Il n'y a dans l'univers qu'un seul Dieu souverain, tout-puissant: le Dieu qui a fait sortir Israël d'Egypte, qui a fait alliance avec lui et qui, seul, a le pouvoir de faire mourir et de faire vivre.

Si le jugement doit permettre à Israël de revenir à la raison, il a pour les nations une autre vocation. Israël affaibli, les peuples qui l'oppriment pourraient faussement déduire que le Dieu d'Israël n'est pas celui qu'il prétend être: ne s'est-il pas montré impuissant pour sauver son peuple de leur main? Il est impossible à Dieu de laisser les nations se tromper sur lui! Le malentendu doit être dissipé! Comme pour Israël, c'est le jugement qui le fera. Les nations doivent comprendre que la défaite, les malheurs qu'a connus Israël ne sont pas à interpréter sous l'angle de l'impuissance de leur Dieu, mais de son absence auprès d'eux. C'est pourquoi il est nécessaire, qu'après Israël, l'heure de la vengeance de Dieu sonne pour ses adversaires. Comme Israël, elles doivent reconnaître à leur tour que tous les dieux vénérés parmi elles sont faux. Le seul et unique Dieu qui existe est le Dieu d'Israël. Son salut passé comme sa misère future en témoignent. Le fait reconnu, Israël l'abaissé et l'humilié, sera alors exalté. La gloire de Dieu et celle de son peuple ne seront plus distinctes, séparées, mais unies dans une même vérité. Que ce jour de gloire vienne bientôt!

Dernière exhortation au peuple: Deutéronome 32.44-47

Témoins et prophètes de Dieu, Moïse et Josué prononcèrent ensemble devant le peuple assemblé toutes les paroles de ce chant donné par l'Eternel. Pour Moïse en fin de carrière, le chant prononcé a valeur d'avertissement. Pour Josué, son successeur à la tête du peuple, il a plutôt valeur de mot d'ordre. Moïse est au bord du Jourdain, il n'entrera pas dans le pays promis. Sa mission se termine ici. Josué est dans le même lieu, devant un champ nouveau. Le chant donné par Dieu le prévient: Dieu tiendra parole pour bénir comme pour maudire Israël. A lui, tant qu'il est en vie à la tête du peuple, de veiller à ce qu'Israël respecte sa part d'engagement dans l'alliance contractée entre lui et son Dieu!

Pour la dernière fois, Moïse exhorte Israël à s'attacher et mettre en pratique toutes les paroles de la loi qu'il leur a transmise. Il y va, rappelle-t-il, non seulement de la vie de ceux qui l'écoutent, mais aussi de celles de leur fils et de la longévité de la nation. La présence d'Israël sur la terre que Dieu leur donne se perpétuera aussi longtemps que le peuple restera attaché à son Dieu et se conformera à sa loi. L'exhortation finale de Moïse résume tout le sens et l'esprit du livre. Il nous rappelle à nous aussi, peuple de la nouvelle alliance, l'importance que doit revêtir, pour notre bonheur et notre prospérité spirituelle, le sérieux de notre attachement à Dieu et sa parole. Moïse et Jésus n'ont pas deux messages différents, mais un seul: Matthieu 7.24-27. Le Deutéronome de Jésus est le sermon qu'il a prononcé sur la montagne devant ses disciples. La conclusion des deux discours est la même! Que dans nos cœurs, la mise en pratique des paroles de notre Seigneur soit notre préoccupation première!

Annonce de la mort de Moïse: Deutéronome 32.48-52

Le jour même où Moïse et Josué apprirent aux Israélites le chant prophétique de Dieu pour eux, l'Eternel signifia à Moïse que le temps de son départ était venu. Fidèle à sa parole, l'Eternel invite Moïse à gravir le mont Abarim, situé face à Jéricho, pour contempler le pays promis. Moïse pourra voir le pays, sujet de l'espérance du peuple et de la promesse de Dieu, mais il n'y entrera pas. Nous pourrions, face à l'intransigeance de Dieu, lui reprocher son manque d'indulgence. Réjouissons-nous plutôt d'avoir en l'Eternel, un Dieu constant, immuable, un Dieu qui ne change pas d'avis avec le temps ou au gré de ses émotions. Dieu, nous rappelle l'Ecriture, n'est pas homme pour mentir ou se repentir. Ce qu'il dit, il le fait, ce qu'il déclare, il l'exécute: Nombres 23.19.

L'intransigeance de Dieu, sa fidélité à ses engagements sont une épée à double tranchant. Autant elles sont source de sécurité pour notre foi, autant elles doivent inspirer la crainte à son peuple. L'intransigeance de Dieu à l'égard de Moïse est garante pour Israël de la crédibilité de ses menaces pour leur futur si, comme Moïse, il venait à faillir à sa vocation; Dieu ne traite pas moins sévèrement ses serviteurs, parce qu'ils sont ses serviteurs, que son peuple. Il est un Dieu juste, équitable dans toutes ses voies, un Dieu qui ne fait pas de favoritisme: 1 Pierre 1.17. Dieu n'a ni favoris, ni préférés. S'il soutient totalement ses serviteurs dans l'exercice de leur ministère, il ne les épargnera pas s'ils méritent d'être corrigés. Moïse ici, et David plus tard: 2 Samuel 12.1-14, en sont les témoins! Que, par ces exemples que nous donne Ta Parole, nous soyons, nous Tes serviteurs, animés d'une juste et sainte crainte de Ton nom!

Chapitre 33

Comme il en fut pour Jacob, le père d'Israël: cf. Genèse 49, Moïse termine sa vie en faisant part à chaque tribu de la bénédiction que Dieu lui inspire. Parfois courte, parfois longue, chaque bénédiction reflète de manière prophétique, à l'aube de l'entrée du peuple dans la terre promise, la vision divine du destin de chacune (sauf celle de Siméon, intégrée à Juda) d'entre elles. La bénédiction de Moïse ne s'adresse pas d'entrée aux tribus. Tel un exposé, elle débute par une introduction, se poursuit par un développement qui traite de son sujet principal (les tribus), et termine par une conclusion.

Introduction: Deutéronome 33.1-5

C'est à l'Eternel que Moïse remonte pour introduire la bénédiction qu'il va proclamer sur chaque tribu. La démarche est légitime. Sans l'Eternel, Israël ne serait pas! L'existence d'Israël n'est due qu'à une seule et unique chose: l'initiative de Dieu. Si Israël existe, c'est parce que, dans sa volonté souveraine et en vue de l'accomplissement de son dessein pour le monde, il est venu vers lui. La formation et l'appel d'Israël comme peuple de Dieu est le premier acte de la série d'abaissements qui mèneront le Dieu du ciel de la gloire à la croix de Jésus-Christ. L'heure n'est pas encore, à cette étape, au dépouillement. De cachée qu'elle était, la gloire de Dieu devient visible. Du milieu même des myriades d'anges, Dieu paraît dans sa splendeur pour inaugurer le premier volet de son plan de salut: le don de sa loi: Exode 19.10-25. C'est là, en même temps qu'il fera de Moïse, aux yeux de tout le peuple, son porte-parole et le chef d'Israël.

Bénédiction des tribus: Deutéronome 33.6-25

Ruben: Deutéronome 33.6

Le souhait de Moïse pour Ruben est qu'il vive et ne meurt point, mais que sa puissance d'influence reste limitée. Bénédiction *a minima*, la parole prononcée par Moïse au sujet de Ruben suit la logique de celle prononcée par Jacob: Genèse 49.3-4. Bien que l'aîné, héritier favorisé de la bénédiction de son père, Ruben s'était vu déchoir, suite au péché qu'il a commis: Genèse 35.22, de sa position privilégiée. Des siècles plus tard, la sentence demeure effective. Entre temps, Ruben, il faut le dire, n'aura rien fait pour arranger les choses. Il est, avec Gad et Manassé, l'une des tribus qui, avant d'entrer dans le pays de Canaan, demandera à s'établir en deçà du Jourdain, dans le pays d'Og et de Sihon: Nombres 32. Ruben nous fait penser dans son attitude à Lot, le neveu d'Abraham qui, au moment de décider où il ira s'établir, privilégie son intérêt avant tout: Genèse 13.10-13. Enfin, Ruben est la tribu de laquelle sortent Dathan, Abiram et On, opposants les plus farouches à Moïse: Nombres 16.1-3. Ils seront de la part de Dieu l'objet d'un châtiment exemplaire: Nombres 16.31-35.

Le souhait de Moïse à l'égard de Ruben souligne le fait que toute communauté qui existe est tributaire de la puissance d'influence qu'exerce chacun de ses membres en son sein. Dans le royaume de Dieu, il n'est jamais bon que les avantages naturels priment sur la qualité spirituelle. Les luttes d'influence ont toujours existé parmi le peuple de Dieu. On les retrouve dans le conflit entre David et Absalom, Adonija et Salomon, Roboam et Jéroboam, et jusque dans le groupe des disciples: Marc 10.35-38. Apprenons que c'est Dieu qui donne à chacun sa place dans l'Eglise et son royaume: 1 Corinthiens 12.11-28. Il élève et abaisse qui il veut et nous enseigne que le plus grand n'est pas celui qui se prétend tel, mais celui qui sert: Marc 10.43-44. Que le souci de Te plaire prime dans nos vies sur toute autre considération!

Juda: Deutéronome 33.7

Alors que dans la bénédiction prononcée, Jacob suivait l'ordre naissance de ses fils, Moïse cite Juda, le quatrième, immédiatement après Ruben, l'aîné désavoué. Cette interversion n'est pas le produit du hasard. Elle indique de manière prophétique la place de leader que va occuper Juda parmi les tribus d'Israël. Jacob, dans sa bénédiction, l'avait prédit: c'est à Juda que reviendra le sceptre, le bâton de commandement jusqu'à la venue du Shilo, le futur guide des peuples, Jésus-Christ: Genèse 49.10. Le déroulement de l'histoire sera conforme à l'intuition spirituelle de Jacob et Moïse.

Comme pour Ruben, la bénédiction mosaïque pour Juda est exprimée à la fois comme une prière et un vœu. Moïse demande à Dieu d'entendre Juda. Comme futur leader, à la tête des troupes qui mèneront les combats pour la conquête du pays: Nombres 10.14; Juges 1.3, Juda avait particulièrement besoin de l'aide et du soutien de Dieu. Moïse invoque donc l'Eternel en sa faveur pour que Dieu entende ses cris vers lui et lui donne l'appui dont il a besoin pour mener le peuple à la victoire contre ses adversaires. La prière de Moïse pour Juda est celle dont a besoin tout leader parmi le peuple de Dieu. Que serions-nous, apôtres, évangélistes, anciens, missionnaires, enseignants sans Dieu? En quoi pourrions-nous être les outils de sa bénédiction pour les autres, si Dieu n'est avec nous? Que ta grâce, Ton soutien, ta puissance, soient la force de notre service et de notre ministère aujourd'hui!

Lévi: Deutéronome 33.8-11

Lévi est la tribu de laquelle sont sortis Moïse et Aaron: Exode 2.1. Elle est aussi celle que le Seigneur a choisie et appelée entre toutes pour exercer le service du culte en sa présence et dans sa maison: Nombres 1.48-54. Aussi Lévi n'a-t-il pas de patrimoine, ni d'héritage en Israël. L'Eternel seul est son bien: Deutéronome 10.9. Toute la bénédiction prononcée par Moïse au sujet de Lévi repose sur les preuves de fidélité dont la tribu a fait preuve envers Dieu depuis la sortie d'Egypte. Moïse rappelle l'épisode de Massa et Mériba dans le désert: Exode 17.1-7. Là, Moïse et Aaron, lévites, durent faire face à la colère de tout le peuple, pressé par la soif. Si ce n'était le secours et l'aide de Dieu, ils auraient fini par être lapidés. La fidélité de Lévi envers Dieu s'est aussi manifestée lors de l'épisode du veau d'or. Une fois de plus, seul contre tous ses frères, fils de son père et de sa mère, Lévi prit parti pour le Seigneur et opéra avec son épée le jugement de Dieu, tuant ami, frère, parent qui s'était montré idolâtre: Exode 32.25-29.

La tribu de Lévi choisie par Dieu pour porter «son urim et son thummim», objets insérés dans le pectoral que portait le grand prêtre: Exode 28.30; Lévitique 8.8, et par lesquels Dieu prononçait son jugement et révélait sa volonté sur les affaires du peuple: Nombres 27.21, toute la bénédiction prononcée par Moïse à son sujet porte sur la vocation particulière qui lui est échue. Moïse prie que les Lévites soient pour le peuple les intercesseurs et les enseignants fidèles de sa parole et de ses lois: Deutéronome 33.10. Ils demandent à Dieu d'agréer l'œuvre de leurs mains et de manifester la sévérité de son châtiment envers tous ceux qui s'élèveront contre lui: Deutéronome 33.11.

La bénédiction de Moïse pour Lévi souligne tout l'attachement, l'attention et la considération qui sont celles de Dieu envers ceux qui, à plein temps, portent la charge d'être, sur le plan spirituel, les conducteurs et les prêtres de son peuple. La tribu de Lévi est à la fois pour Israël le rempart de Dieu contre les rébellions internes qui lui vaudraient sa colère, et sa défense pour implorer à son sujet sa miséricorde et son pardon. Elle est modèle pour tous, arbitre et avocat. Que Dieu donne à chaque Lévite de son peuple aujourd'hui une haute idée de la vocation de médiateur de Dieu et des hommes qui est la sienne!

Benjamin: Deutéronome 33.12

Cité en dernier, selon l'ordre chronologique des naissances, dans la bénédiction de Jacob: Genèse 49.27, Benjamin occupe ici la 4e place après les trois tribus aux destinées et aux fonctions les plus importantes. Faut-il y voir de la part de Dieu une préférence affective, comme ce fut le cas de la part de Jésus pour le disciple Jean: Jean 13.23? C'est possible, même s'il n'y a en Dieu aucun favoritisme! Petite dernière de la famille, la tribu de Benjamin n'en jouera pas pour autant un rôle moindre en Israël et dans le dessein complet de Dieu dans la suite des temps. C'est de Benjamin que sera issu Saül, le premier roi d'Israël: 1 Samuel 9.1. Lors de la séparation des tribus en deux clans, au temps de Roboam, Benjamin sera la seule à rester fidèle à la lignée davidique et à se joindre à Juda: 1 Rois 12.21. Benjamin sera aussi la tribu de laquelle sortira l'apôtre Paul, l'apôtre de Christ pour les païens: Philippiens 3.5. Au regard de ce destin, il n'est pas déplacé pour Benjamin de recevoir de la part de Dieu le beau titre de bien-aimé du Seigneur. Malgré de graves péchés qui, dans l'avenir, lui vaudront une correction sévère de Dieu: Juges 19–20, Benjamin est l'élu de son cœur, la tribu qu'il chérit tendrement et sur laquelle il veille avec grand soin, comme un berger avec une jeune brebis.

La position naturelle de Benjamin et la place qu'il occupe dans le cœur de Dieu mettent en valeur plusieurs principes affirmés dans la Parole. Le premier est que l'ordre de la grâce ne suit pas l'ordre naturel. Ce qui est premier dans l'ordre naturel (Ruben) ne l'est pas obligatoirement dans l'ordre de la grâce. A plusieurs titres, la tribu de Benjamin peut être considérée comme la moindre de toutes: elle est la dernière-née de Jacob et la plus petite en nombre: 1 Samuel 9.21. C'est à elle pourtant que Dieu donnera la faveur de voir sortir de son sein plusieurs élus prestigieux. Le second principe est que le privilège de la grâce est porteur en lui-même d'une responsabilité supérieure. Particulièrement aimé de Dieu, Benjamin se verra en proportion corrigé sévèrement par lui. Il en ira de même pour tous ceux qui seront dans son cas: Israël, David, Judas, l'Eglise... La faveur de Dieu est un privilège d'une grande portée et d'une grande responsabilité. Que l'histoire de la tribu de Benjamin nous aide à ne jamais l'oublier!

Joseph: Deutéronome 33.13-17

Après Benjamin, c'est sur son grand frère Joseph que Moïse prononce la bénédiction que Dieu lui inspire. Joseph, le bien-aimé de Jacob, représente à lui seul deux tribus: Ephraïm et Manassé, ses deux fils. Si la bénédiction qui touchait Juda et Lévi était d'ordre spirituel, celle qui concerne Joseph est uniquement matérielle. Moïse célèbre pour Joseph la bénédiction qui repose sur son pays, la part qui lui est échue en Israël. C'est dans les territoires de Manassé et d'Ephraïm que l'on trouvera les sources les plus abondantes, les meilleurs produits de la terre. Le contenu de la bénédiction formulée par Moïse n'est pas le produit du hasard. Elle est liée à la géographie du territoire que couvrent les deux tribus, territoire vaste à la topographie variée. Premier-né de Rachel, la bien-aimée de Jacob: Genèse 30.22-24, Joseph est aussi, par ses deux fils, celui qui est la force d'Israël. Ephraïm et Manassé, le cadet avant l'aîné selon l'ordre indiqué par Jacob: Genèse 48.17-19, sont les cornes d'Israël. C'est par Ephraïm et Manassé qu'Israël se bénira: Genèse 48.20. Quelle que soit la tribu qui leur est associée, Ephraïm (surtout) et Manassé sont toujours présentés comme les représentants même de tout le peuple: Psaumes 80.3; 108.9; Jérémie 31.9, 18-20; Ezéchiel 37.19

Les autres tribus: Deutéronome 33.18-25

D'une portée prophétique moindre que celle qui concerne les premières citées, la bénédiction que Moïse prononce sur les autres tribus valide l'engagement de celles-ci dans la conquête du pays et entérine le choix de l'emplacement géographique qui leur a été attribué. Zabulon et Issacar, tribus proches l'une de l'autre, sont citées ensemble. Toutes deux sont appelées, de par Dieu, dans un futur qui ne s'est peut-être pas encore réalisé, à être les hérauts de Dieu invitant les peuples à l'adorer sur la montagne qui lui sera consacrée. La bénédiction réservée à Gad rappelle le courage de la tribu lors de la conquête de sa portion en Transjordanie. Pour l'obtenir, Gad s'est engagée à marcher, avec la tribu de Ruben et la demi-tribu de Manassé, à la tête du peuple à l'assaut de Canaan: Nombres 32. Ayant rempli son contrat avec loyauté envers ses frères, Gad retournera dans ses terres prendre possession de son héritage: Josué 22.1-8. A propos de Dan, Moïse salue l'audace de la tribu. Ayant reçu pour part un territoire au sud-ouest du pays, Dan ne s'en contenta pas. Il partit en guerre contre les habitants d'une région située tout au nord, la conquit et s'y établit: Josué 19.40-48. Dan est la seule tribu à posséder deux parts totalement séparées l'une de l'autre. Nephtali, souligne Moïse, se voit récompensé par la faveur divine de l'une des plus belles parts du pays. Comprenant la Galilée, le territoire de Nephtali était accidenté mais très fertile. Moïse achève le tour des tribus en bénissant particulièrement Aser. Située à la frontière nord du pays, Moïse prie qu'Aser soit une porte d'entrée inviolable en Israël. Si Benjamin est le bien-aimé du Seigneur, Aser ne l'est pas moins. Cité en dernier, Aser est aussi un premier dans le cœur de Dieu, qui désire qu'une grâce particulière le distingue de ses frères.

La lecture de chaque bénédiction témoigne de l'amour et de la juste appréciation de Dieu pour chacune des tribus. L'Eternel témoigne par là que l'une n'est pas incompatible avec l'autre. L'amour que Dieu porte à chacun est inconditionnel. Quel que soit le déplaisir qu'une tribu ait provoqué dans le cœur de Dieu, elle est et reste membre de son peuple. Il ne la renie point. Mais une tribu qui aurait dû être première peut, par ses inconséquences se retrouver dernière. C'est le cas de Ruben. Et une tribu, considérée comme dernière, peut, à cause de ce qu'elle est pour Dieu, se retrouver première. C'est le cas de Benjamin et d'Aser. Nul devant Dieu ne sera traité injustement. Chacun, au bout du compte, reconnaîtra que ce dont il est l'objet n'est dû qu'à sa grâce... et ce dont il a été privé n'est dû qu'à son péché. Que le Dieu de toute grâce et de toute justice soit loué et célébré pour son équité et sa grande générosité!

Conclusion: Deutéronome 33.26-29

Arrivé au terme de la bénédiction que Dieu lui a mis à cœur de prononcer pour chaque tribu, comme au terme de sa vie, Moïse conclut le ministère que Dieu lui a confié de deux manières:

Il célèbre le caractère unique et incomparable du Dieu d'Israël, un Dieu qui se met tout entier, avec sa puissance, au service du salut de son peuple. Tel est le plus grand privilège d'Israël: d'avoir avec lui et pour lui le Dieu du ciel, le Dieu de l'éternité. Il est le Dieu contre lequel aucun ennemi ne peut tenir, le Dieu qui chevauche le ciel accompagné des multitudes d'anges armés. Saisir qui est Dieu, notre Dieu, est, au terme de la vie, le plus grand émerveillement dont l'âme puisse être l'objet. Heureuse est celle qui franchit le cap de l'éternité habitée par cette vision! Elle est, au travers de toutes les étapes de notre croissance, le but ultime et précis que vise le Père pour nous: 1 Jean 2.13-14

Il célèbre la grâce extraordinaire dont est l'objet, par le salut, Israël, peuple de Dieu. Qui plus qu'Israël est heureux ici-bas? Qui possède meilleur bonheur dans le monde que celui qui est l'objet du salut de Dieu? Qui est plus en sécurité sur cette terre que celui qui peut compter sur la faveur et la puissance de Dieu pour le secourir? Qui est en meilleure position que celui, qui face à ses adversaires, a pour le défendre l'épée de Dieu?

Telle est la conclusion à laquelle doit arriver toute vie rachetée par Dieu. Tel est son dessein pour nous: que nous célébrions la gloire de la grâce qu'il a déployée, dans son amour, pour nous: Ephésiens 1.5-6, 12. L'objectif de Dieu pour l'Eglise, peuple de la nouvelle alliance, ne diffère pas de celui qu'il a poursuivi pour Israël, peuple de la première. Qu'au terme de ma vie ma bouche célèbre aussi ta grandeur et l'immensité de ta grâce en ma faveur, ô Dieu d'Israël et de Jésus-Christ!

Chapitre 34

Mort de Moïse: Deutéronome 34.1-9

Sa mission terrestre achevée, Moïse sait que l'heure est venue pour lui de quitter définitivement son peuple et le monde visible pour l'invisible. Il se rend donc seul sur le mont Nebo situé à la frontière de Moab pour une dernière vision: celle du pays de Canaan, le pays promis par Dieu à son peuple, le but et l'objectif de la mission pour laquelle Dieu l'a appelé. Moïse peut partir en paix, avec le sentiment du devoir accompli. Le combat a été rude, les détours nombreux, les difficultés innombrables, les oppositions multiples. Mais le projet de Dieu s'est accompli. Moïse, selon l'engagement de Dieu, n'entrera pas en Canaan. Cet honneur lui sera refusé. Mais il quitte le monde et la terre pour une patrie bien meilleure. Il n'a aucun regret à avoir. Dieu réitère sa promesse: le pays qu'il a sous les yeux sera donné, selon sa promesse, aux descendants d'Abraham, d'Isaac et de Jacob.

Homme unique dans l'histoire, Moïse aura droit aussi à une fin unique. Moïse mourra seul. Il n'aura pas droit à des funérailles officielles ou nationales. Dieu seul s'occupera de son ensevelissement, comme le ferait un Ami qui veut vivre dans l'intimité la séparation de celui qui comptait tant pour lui. Moïse doit aussi rester à sa place dans l'histoire. Dieu l'a donné pour un temps à Israël. Il n'est pas question qu'après son départ, Moïse soit récupéré pour devenir un objet d'idolâtrie et d'iniquité supplémentaire. Nul ne devra et ne pourra se rendre sur sa tombe qui restera inconnue.

Israël pleurera Moïse pendant trente jours. Le chef si décrié de son vivant est regretté. Chacun peut, en pensant à lui, se remémorer qui il était, ce qu'il a été pour Israël. Il faut souvent attendre que quelqu'un parte pour que l'on comprenne toute la valeur et la place qu'il occupait dans nos cœurs!

Dans sa fidélité, Dieu ne laisse pas Israël sans leader. Revêtu de l'Esprit de Dieu, Josué succède à Moïse. Les hommes passent, l'œuvre de Dieu se poursuit. Le départ de Moïse n'est pas la fin, mais le début d'une autre histoire. Le Dieu qui était avec Moïse sera avec Josué, car lui ne meurt pas! A ses disciples très attachés à sa personne, Jésus le dira: il vous est avantageux que je m'en aille. Car si je ne pars pas, le Consolateur ne pourra venir: Jean 16.7. Limités et humains que nous sommes, nous ne voyons pas toujours où se trouve notre véritable intérêt. Nous cherchons à retenir auprès de nous ce que Dieu veut nous enlever pour nous donner autre chose d'aussi bon. Dieu reste le souverain propriétaire de tous les bienfaits dont il nous gratifie. Il nous les retire quand il le veut et le juge bon et nous donne ce qu'il veut à leur place. L'Eternel donne et l'Eternel ôte: que son nom reste béni: Job 1.21.

Epitaphe de Moïse: Deutéronome 34.10-12

Celui qui reprend après Moïse la rédaction du livre (sans doute Josué), conclut par une épitaphe à son sujet. Moïse fut dans l'histoire d'Israël un homme unique sur plusieurs plans. Unique comme prophète: aucun n'a transmis à Israël un message si fondamental que celui que Moïse apporta. Unique par sa proximité avec Dieu. Moïse était l'ami de Dieu qu'il connaissait face à face. Unique par les prodiges qu'il accomplit en Egypte: les dix plaies, la sortie d'Israël par la mer Rouge restent des prodiges gravés dans la mémoire collective de tous les peuples, jusqu'à aujourd'hui.

L'éloge rendu à Moïse (cf. Nombres 12.3) ne porte pas ombrage à celui rendu à Jésus, et l'éloge rendu à Jésus ne contredit pas celui rendu à Moïse. Car Jésus n'est pas un prophète, mais la Parole faite chair. Jésus n'est pas un simple homme ayant vécu une relation avec Dieu d'une qualité exceptionnelle: il est le Fils de Dieu éternel et incréé devenu homme. Jésus n'est pas un instrument de la puissance de Dieu. Il est la Résurrection et la Vie éternelle qui était auprès du Père. Moïse est le plus grand à son niveau: il a peut-être frôlé le divin, mais il est resté humain! Jésus est unique: il a quitté le niveau supérieur qu'il occupait, le divin, pour entrer dans l'humain, jusqu'à la croix: Philippiens 2.5-11. L'élévation de Moïse est extraordinaire, mais l'abaissement de Jésus le surpasse en gloire! C'est à lui seul que doit revenir notre adoration!

numérique

Impression & brochage - France

Numéro d'impression : N1052150604 - Achevé d'imprimer : juin 2015

IMPRIM'VERT®